부드러운 모노톤으로 칠하는

깐쏘니의
입체 자수

| 손좌윤 저 |

i THINK
아이생각

부드러운 모노톤으로 칠하는

깐쏘니의 입체 자수

| 만든 사람들 |

기획 실용기획부 | **진행** 윤지선 | **집필** 손좌윤 | **편집·표지디자인** D.J.I books design studio 원은영

| 책 내용 문의 |

도서 내용에 대해 궁금한 사항이 있으시면
저자의 홈페이지나 아이생각 홈페이지의 게시판을 통해서 해결하실 수 있습니다.

아이생각 홈페이지 www.ithinkbook.co.kr
아이생각 페이스북 facebook.com/ithinkbook
디지털북스 카페 cafe.naver.com/digitalbooks1999
디지털북스 이메일 djibooks@naver.com
저자 이메일 kansony123@gmail.com
저자 인스타그램 @kansony_soulstitch

| 각종 문의 |

영업관련 dji_digitalbooks@naver.com
기획관련 djibooks@naver.com
전화번호 (02) 447-3157~8

프롤로그

프랑스자수의 포근함을 닮은 따뜻한 세상을 꿈꿉니다.
이 책을 만나는 모든 분에게 행복의 에너지가 고스란히 전해지길 바랍니다.

프랑스자수 안에서 '나'를 만나는 시간을 가집니다.
조용히 몰입하며 한 땀 한 땀 수를 놓으며 그 속에서 현재의 나를 만납니다.
명상 속에서, 요가의 호흡과 동작에서 '지금 이 순간의 나'가 고스란히 드러나듯
자수를 한 땀 한 땀 놓으며 고스란히 드러나는 현재의 나를 조용히 마주합니다.
기분이 들떠 있는지, 차분한지, 또 어떤 날은 가라앉는지.
그 속에서 가지런히 수를 놓으며 차분하게 균형을 찾아가는 그 시간이 참으로 감사하고 행복합니다.

이 책을 준비하며 깨어있음의 행복의 에너지가 자수에 고이 담기길 바라는 마음으로 수를 놓았습니다.
이 책을 만나는 모든 분에게 행복의 에너지가 고스란히 전해지길 바랍니다.

프랑스자수 안에서 편안하고 행복한 시간 보내시길 바랍니다.
책으로 만나는 모든 인연에 감사드립니다.

프롤로그

PART 01 자수 배워보기

PART 02 자수의 기초

PART 03 스티치 기법

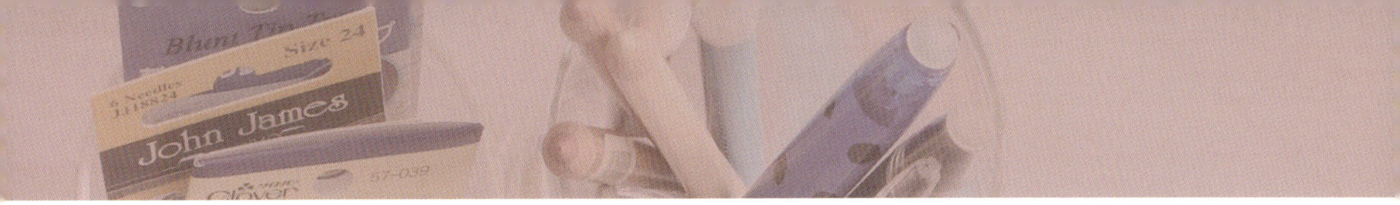

PART 04
소품 만드는 방법

APPENDIX
도안집

Jo Malone
London
Wood Sage
& Sea Salt
Scented Candle
Bougie Parfumée

따뜻한 겨울날

⋯→ 도안 126p

늦가을의 포근함

··· 도안 130p

반짝반짝 빛나는 순간들

···› 도안 134p

kansony

포근포근 꽃사슴

⋯→ 도안 138p

고래의 수영

⋯▸ 도안 144p

소중한 마음을 담아
이니셜 키링

··· 도안 148p

ALEX
KATZ

행복한 어느 날
꽃 벨트

⋯ 도안 152p

가을날의 산책

→ 도안 156p

봄날의 산책

⋯› 도안 160p

감사한 마음을 담아

카네이션 부토니에

⋯→ 도안 162p

행복한 추억을 담아

꽃 열매 다이어리, 핀쿠션

⋯➝ 도안 164p

설레는 발걸음
크록스 지비츠

··· 도안 168p

1

자수 배워보기

프랑스자수의 꽃, '색'의 세계

프랑스자수 특유의 따뜻함과 포근함과 사랑스러움을 표현할 때 많은 부분을 차지하는 것이 '색'입니다.

초보자의 경우 색 배합을 하는 과정에서 어려움을 느낄 수 있으나, 다음의 기본적인 팁을 적용하면 프랑스자수의 '색'의 세계에 한 발짝 쉽게 다가갈 수 있습니다.

몇 가지 기본적인 색 조합에 익숙해지면 각자의 개성에 따라 색을 조합하면서 오는 즐거움에 흠뻑 빠질 수 있을 것입니다.

1) 색의 농도(진하기)**가 비슷한 색들로 조합** —— 색의 농도가 비슷한 색끼리 조합하면 색상의 구성에 상관없이 작품을 조화롭게 구성할 수 있습니다.

---

❶ 연한 농도

- 대부분의 파스텔 톤 색상이 여기에 속합니다.
- 사랑스럽고 포근한 느낌을 가벼운 느낌으로 표현하기에 좋습니다.

❷ 중간 농도

- 파스텔 톤보다 색상의 개성이 잘 드러나서 작품에 재미를 줄 수 있습니다.
- 계절감을 크게 타지 않으면서도 부드러운 느낌을 줄 수 있습니다.
- 프랑스자수 특유의 동화적인 느낌을 표현하기에 좋습니다.

❸ 진한 농도

3-1 — 톤 다운된 색감으로 조합 : 색 자체의 무게감으로 작품에 따뜻하면서도 고급스러운 느낌을 줄 수 있습니다. 가을, 겨울의 계절감을 표현하기에 좋습니다.

3-2 — 톤 업된 색감으로 조합 : 주로 '원색'이라 일컫는 색상들이 여기에 속하며, 색상 자체의 톤이 밝으면서도 농도가 진해 색상의 개성이 아주 잘 드러납니다. 발랄하고 경쾌한 느낌을 주어서 아이의 소품에 사용해도 잘 어울립니다.

2) 계절감을 표현하는 색들로 조합 —— 각 계절이 가진 특징을 고스란히 드러내는 색을 함께 사용하는 것만으로도 자수에 계절감을 표현할 수 있습니다.

1 봄

색의 무게감이 가볍고 봄의 포근한 느낌을 주는 파스텔 톤으로 구성합니다.

2 여름

청량감을 줄 수 있는 블루, 민트, 화이트 계열로 구성합니다.

3 가을

울긋불긋 물든 단풍과 낙엽, 노을의 느낌을 주는 옐로, 브라운 계열로 구성합니다.

4 겨울

색의 무게감이 느껴지는 농도가 진하고 톤 다운된 색으로 구성합니다. 크리스마스 시즌이 떠오르는 농도가 진한 원색도 잘 어울립니다.

모노톤 자수의 세계

모노톤 자수란 한 가지 색상, 한 가지 종류의 실만을 사용해 작품을 완성하는 전통적인 레드 웍, 화이트 웍 등의 '웍 자수'를 현대적으로 응용한 새로운 자수 형태입니다.

전통적인 웍 자수와는 달리 색의 농담을 조절할 수 있고 여러 소재의 실을 함께 사용해 다양하게 질감의 변화를 줄 수 있어, '웍 자수'의 단정함은 그대로 가져가면서 다채로움까지 더할 수 있는 매력적인 자수입니다.

색감만 달리해도 같은 도안을 완전히 다른 느낌으로 표현할 수 있고 초보자가 가장 어려워하는 색 조합 과정이 쉬워 초보자도 숙련자 못지않은 세련된 색감으로 표현이 가능하다는 큰 장점이 있습니다.

세상의 모든 색은 모두 각기 다른 에너지를 가지고 있습니다.

가장 간단한 예로 붉은색을 보면 따뜻함을 느끼고, 푸른색을 보면 시원함을 느끼듯 모든 색에는 그 색만이 가지는 에너지가 있습니다. 한의학과 동양 의학에서는 각자의 신체적, 심리적인 상황에 맞춰 부족한 부분을 채우고, 과한 부분을 덜어내 균형을 맞추는 치료에 특정 색이 가지고 있는 에너지를 활용하기도 합니다.

특정 색이 가지는 고유의 에너지를 극대화하여 사용하는 모노톤 자수가 여러분의 취미 생활이자 각자의 상황에 도움이 되는 에너지를 채워 편안함과 행복감을 선물해 줄 수 있는 좋은 친구가 되기를 바랍니다.

TIP　모노톤 자수에서의 실 색상 조합

같은 계열의 색에서 색의 농도만 달리하면 되므로 색 조합이 쉬운 편입니다. 한 작품 안에서 3~7가지의 색을 사용하면 단정하면서도 자연스러운 그라데이션을 표현할 수 있습니다.

※ 같은 색상이라도 25번사, 4번사, 울사 등 실의 소재나 부피감에 따라 완전히 색다른 느낌으로 표현되므로 여러 종류의 실을 한 작품 안에서 함께 쓰면서 작품에 재미를 더해봅니다.

1) 실 번호가 가까운 색들로 조합 —— 가장 많이 사용하는 'DMC'의 실은 같은 계열 색상의 실들의 번호가 연이어 있는 경우가 꽤 많이 있습니다. 기준 색상을 정하고, 주변의 실 번호 중에서 연함~진함의 그라데이션으로 조합해서 쓰면 쉽게 색을 조합할 수 있습니다.

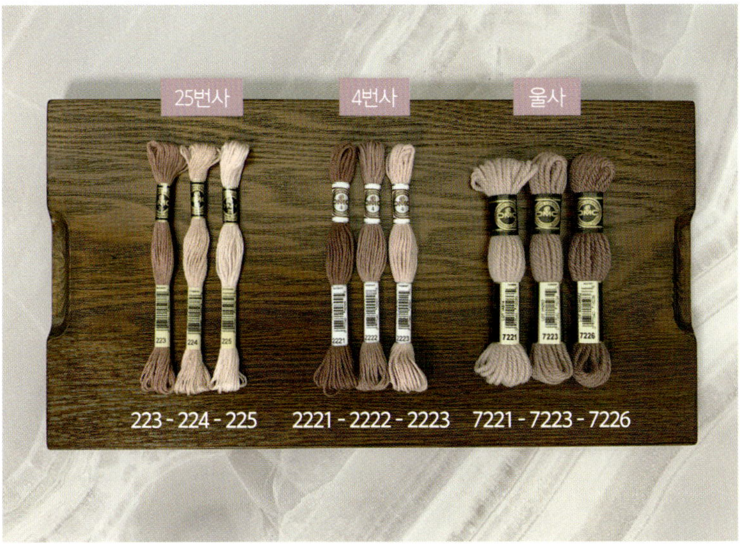

2) 실 색상 카탈로그를 참고하여 조합 —— 색상이 그라데이션으로 이미 조합된 상태로 배열되어 있는 실 색상 카탈로그를 참고하는 것도 초보자가 색 조합하기에 좋은 방법입니다.

기본 도구와 재료

*** 수틀** —— 10cm부터 38cm까지 다양한 크기의 수틀이 있습니다.

- 25번사를 주재료로 사용하는 자수 : 한 손에 쏙 들어오는 크기의 10~12cm 사이즈의 수틀이 편리합니다.
- 태피스트리 울사를 주재료로 사용하는 대형 자수 : 작품의 부피감을 해치지 않는 30~38cm 수틀이 편리합니다.

*** 실**

❶ **태피스트리 울사 :** 도톰한 부피감을 가진 '울실'입니다. 가을, 겨울 느낌의 자수에 잘 어울립니다.

❷ **4번사 :** 매트한 질감과 적당한 부피감을 가진 '면실'입니다. 동화적인 자수 표현에 좋고, 4계절에 모두 잘 어울립니다.

❸ **25번사 :** 프랑스자수에서 가장 많이 사용되는 실로, 광택감이 좋고 색상 선택의 폭이 아주 넓습니다. 6가닥의 가는 실이 하나로 꼬여 있어 표현하고자 하는 느낌에 따라 2가닥, 4가닥 등으로 나누어 사용합니다.

❹ **메탈사 :** 반짝이는 재질의 실로 자수에 포인트를 주기에 좋습니다. DMC사의 '롤 메탈릭'사, '디아망뜨'사는 결이 부드러운 편이라 초보자가 사용하기에도 좋습니다.

❺ **투명사 :** 약간의 탄력성을 가진 투명한 실로 비즈를 원단에 고정할 때 사용합니다.

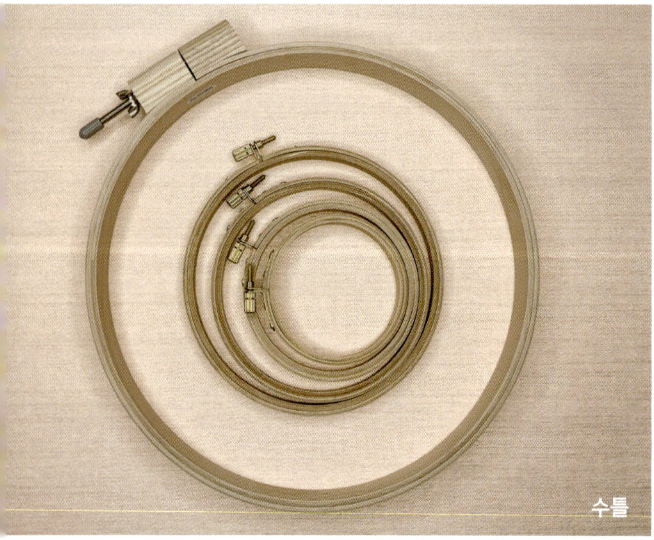

수틀

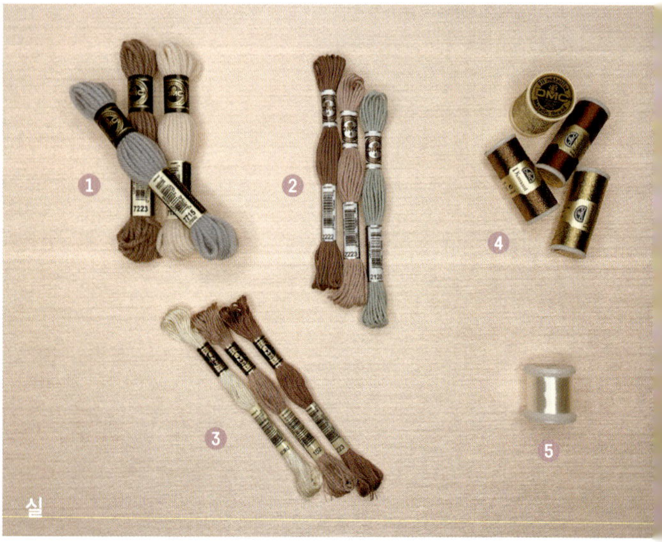

실

* 바늘

❶ 크로바 3-9호 세트 : 25번사를 사용하는 자수에 필요한 모든 굵기의 바늘이 세트로 구성되어 있습니다. 바늘 끝이 예리해 섬세한 자수 표현에 좋습니다. 사용하고자 하는 실의 가닥수에 맞춰 바늘 호수를 선택합니다.

❷ 셔닐 바늘 18호 : 끝이 예리하고 바늘귀가 크고 길어 부피감이 큰 실(예: 태피스트리 울사, 4번사)를 사용하는 자수에 사용합니다.

❸❹ 태피스트리 바늘 : 바늘 끝이 뭉툭한 바늘로 '25번사'용(❸), '울사'용(❹)에 맞게 선택해 사용합니다. 바늘 끝이 실의 결을 상하게 하지 않아 디태치드 블랭킷 스티치, 레이즈드 리프 스티치 등 실을 엮어가며 만들어가는 스티치 표현에 편리합니다.

바늘 크기	바늘 호수	실 가닥수
크다 ↕ 작다	3	6 이상
	4	5~6
	5	4~5
	6	3~4
	7	2~3
	8	1~2
	9	1

* 펜

❶ 자수용 수성펜 : 물이 닿으면 지워지는 펜으로, 다양한 질감의 원단에 쉽게 그려집니다. 파란색, 갈색 두 종류가 있으며, 갈색 펜은 습기에 약해 빨리 지워지는 편입니다.

❷ 열펜 : 열을 가하면 지워지는 펜으로 물세탁을 하기 어려운 원단에 사용하기 좋고, 특히 '흰색' 열펜은 어두운 원단에 도안을 그릴 때 유용합니다. 완성된 자수의 부피감을 해치지 않도록 다리미보다는 드라이기의 열로 펜 자국을 지우는 것이 좋습니다.

바늘

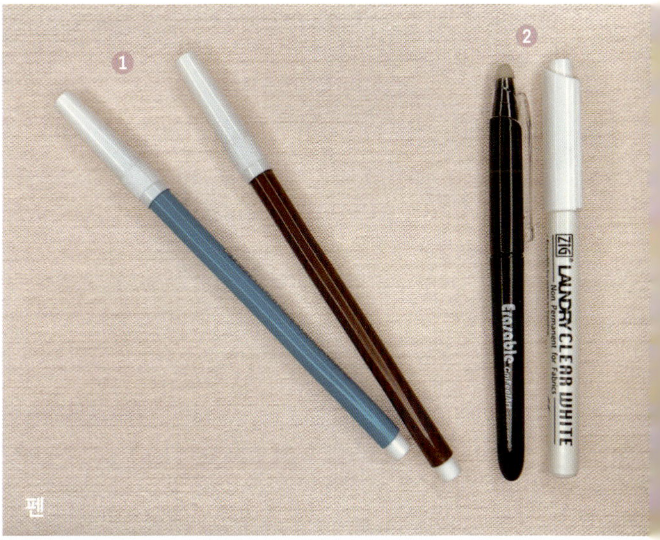

펜

* 원단

❶ **모직 :** 태피스트리 울사를 주재료로 사용하는 자수에 잘 어울리고 원단의 질감만으로도 자수에 고급스러운 느낌을 더할 수 있습니다.

❷ **면 :** 원단의 내구성이 좋고 세탁이 수월해 자수를 놓은 뒤 생활 소품을 만들기에 좋습니다.

❸ **린넨 :** 프랑스자수에서 가장 많이 사용되는 원단으로 원단의 밀도가 높지 않아 바늘을 통과시키기 수월해 초보자가 사용하기에도 좋습니다.

* 가위

❶ **자수용 가위 :** 실을 자르거나 세밀한 마무리를 할 때 사용합니다.

❷ **재단용 가위 :** 원단을 재단할 때 사용합니다.

❸ **문구용 가위 :** 1, 2번 가위는 가윗날이 예리하고 예민해 정해진 용도 외에는 사용하지 않습니다. 실이나 원단을 제외한 모든 재료(예: 종이, 와이어)를 자를 때는 문구용 가위를 사용합니다.

원단

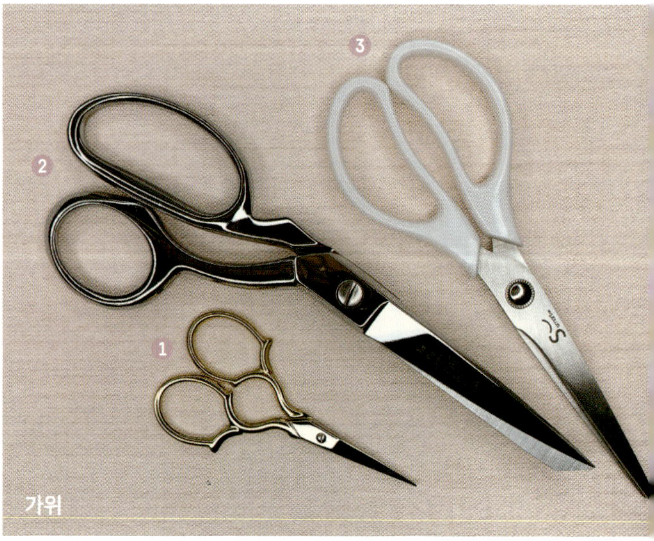

가위

* 입체 자수용 재료

❶ **와이어 :** 입체 와이어 자수로 꽃이나 잎을 표현할 때는 0.4mm 굵기의 와이어를 사용합니다.

❷ **나무 구슬 :** 실을 감싸 만드는 기법에 사용되는 구슬로 '일자형' 구멍이 뚫려 있습니다. 주로 지름 10~18mm 사이즈의 구슬을 사용합니다.

❸ **수예용 본드 :** 마르고 나면 색이 투명하게 바뀌어 와이어 입체 자수의 테두리 마무리에 사용하면 좋습니다.

* 기타

❶ **먹지 :** 도안을 원단에 옮길 때 사용합니다. 자수 전용 먹지를 사용하면 작품 완성 후 물세탁으로 도안 선을 지울 수 있습니다. 간혹 원단에 따라 지워지지 않는 경우가 있으므로 여분의 원단에 테스트 후 사용합니다.

❷ **실 뜯개 :** 잘못 수놓은 곳을 섬세하게 수정할 때 사용합니다.

❸ **철필 :** 먹지를 대고 도안을 원단에 옮길 때 도안 선을 눌러가며 따라 그리는 용도로 사용합니다.

❹ **골무 :** 사이즈가 다양하게 나오므로 손가락에 맞는 사이즈를 선택해 사용하면 손의 피로감을 줄일 수 있습니다.

입체 자수용 자료

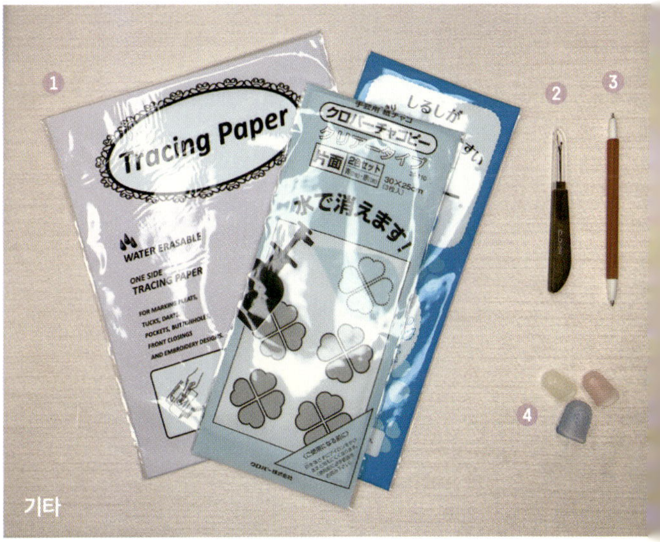

기타

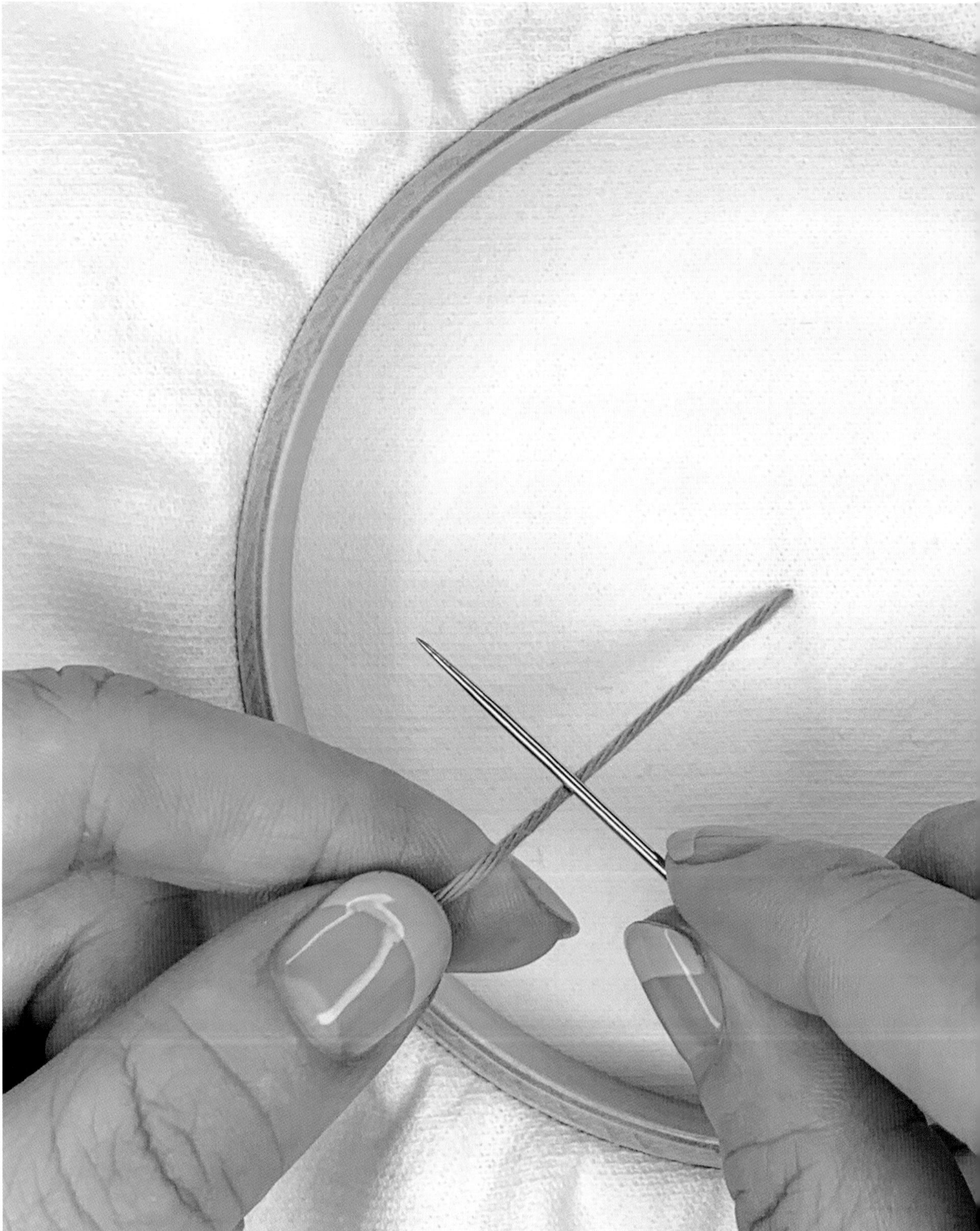

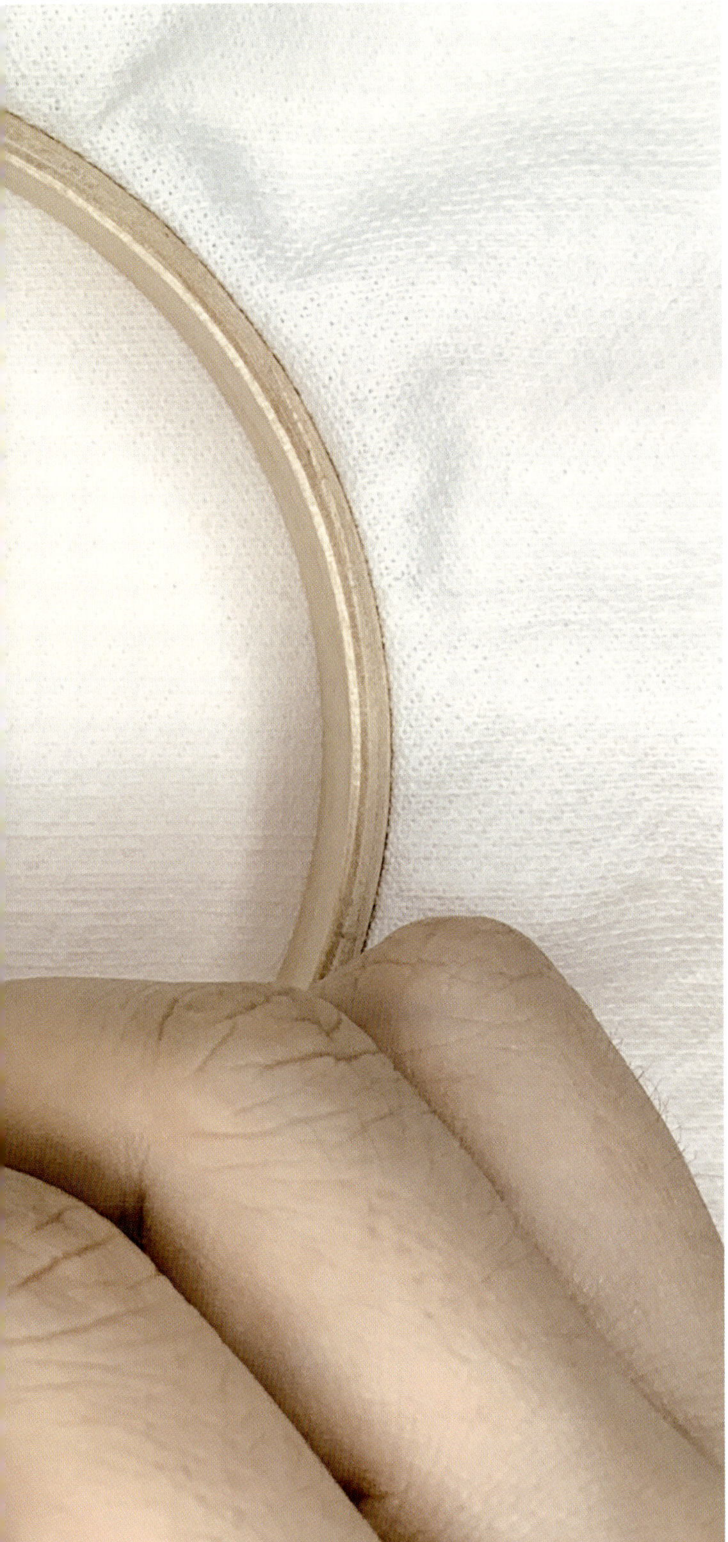

2

자수의
기초

01

도안 옮기는 방법

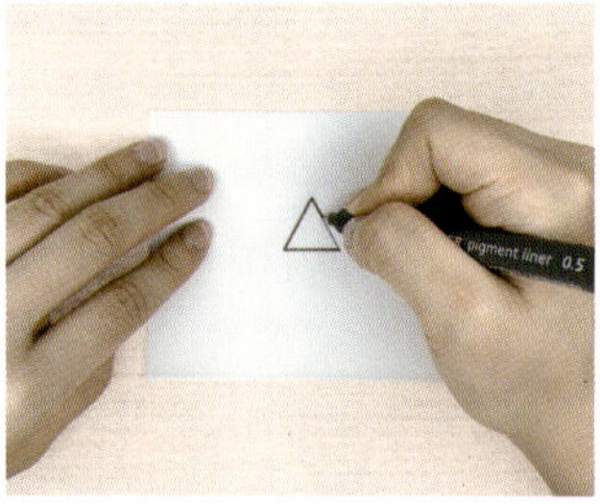

❶ 도안 위에 트레이싱지를 올려두고 도안을 옮겨 그립니다.

❷ 도안을 옮긴 모습입니다.

❸ 원단 위에 자수용 먹지를 뒤집어 올려놓습니다.

❹ 먹지 위에 도안이 옮겨진 트레이싱지를 올려두고 철필로 눌러가며 도안을 따라 그립니다.

❺ 먹지와 트레이싱지를 제거하고 옮겨진 도안 위에 수를 놓습니다.

02 수틀 끼우는 방법

❶ 수틀의 바깥 틀(조임쇠가 있는 부분)과 안 틀을 분리합니다.

❷ 수틀의 안 틀 위에 원단을 올립니다.

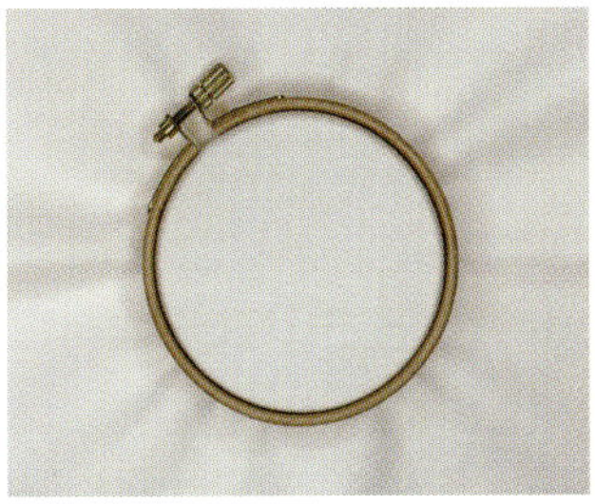

❸ 바깥 틀을 안 틀 위에 올려 끼웁니다.

❹ 조임쇠를 시계방향으로 돌려 바깥 틀을 조입니다.

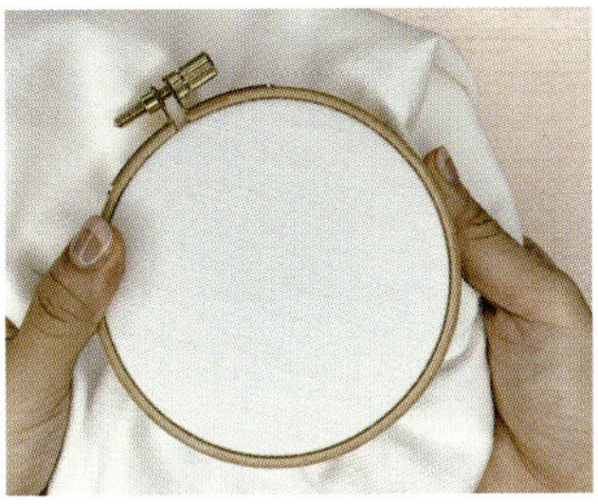

❺ 원단을 당겨 수놓을 곳을 팽팽하게 합니다.

TIP 조임쇠에 실이 덜 걸리게 하는 방법

오른손잡이 : 조임쇠를 11시 방향에 둡니다. **왼손잡이 :** 조임쇠를 1시 방향에 둡니다.

03

25번사 가닥 수 나누는 방법

6가닥의 실이 한 가닥으로 꼬여 있는 25번사는 실의 꼬임을 풀어주면서 실을 갈라야 실의 결이 상하지 않습니다.

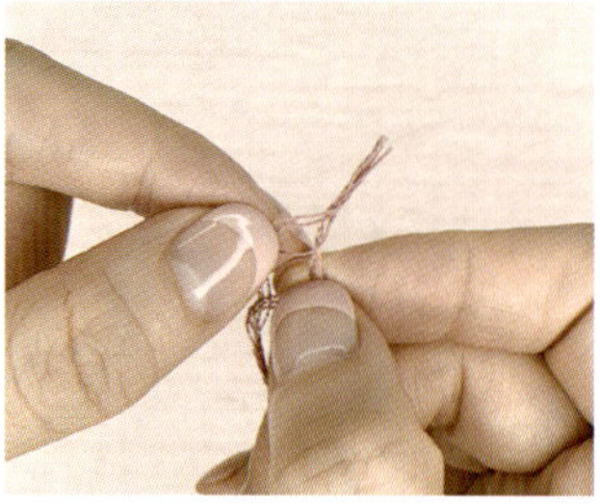

❶ 실의 끝부분에서 필요한 가닥 수를 나눕니다.

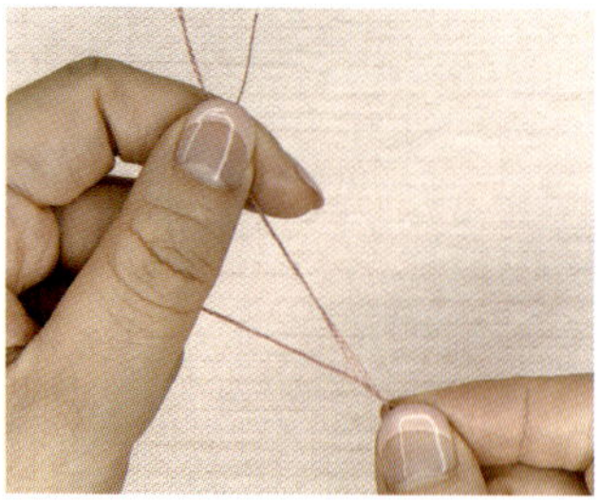

❷ 가닥 수를 나눈 부분을 벌려 잡고 다른 손으로 꼬임을 풀면서 실을 갈라 냅니다.

❸ 이제 바늘에 끼울 준비가 되었습니다.

04

바늘에 실 끼우는 방법

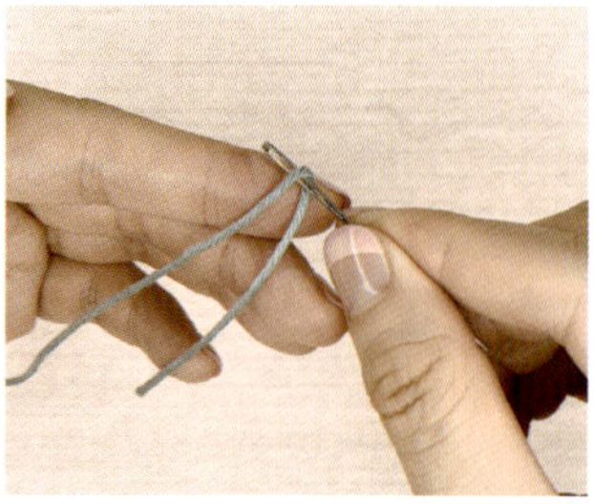

❶ 실 끝부분을 접어 바늘귀에 걸칩니다.

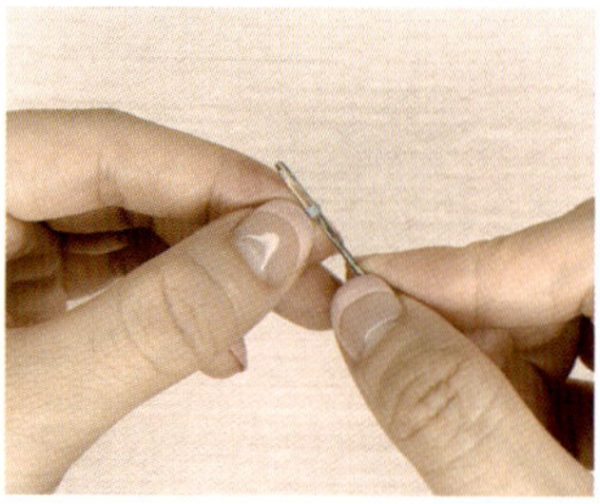

❷ 왼손 엄지와 검지로 실을 바늘에 가깝게 바짝 잡습니다.

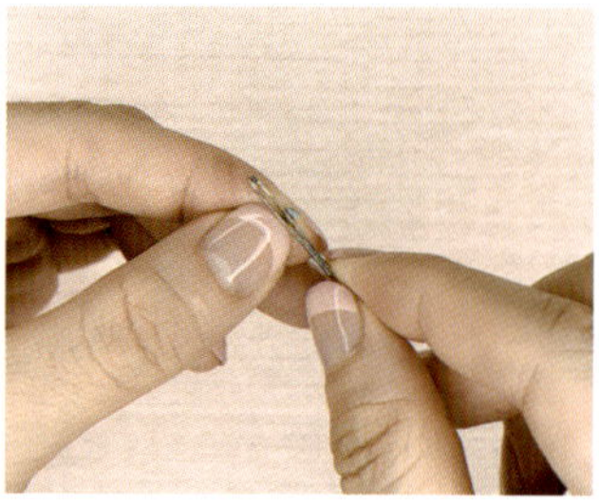

❸ 바늘을 빼내고 실을 바늘대로 납작하게 밀어주면서 실이 접힌 부분으로 바늘귀를 가까이 가져갑니다.

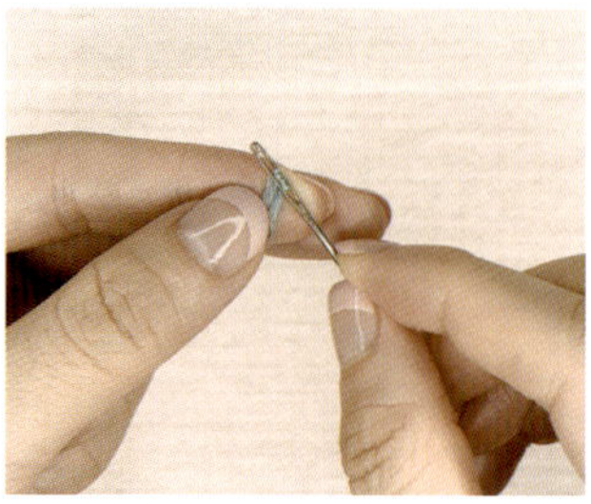

❹ 실의 접힌 부분이 바늘귀 안으로 들어갑니다.

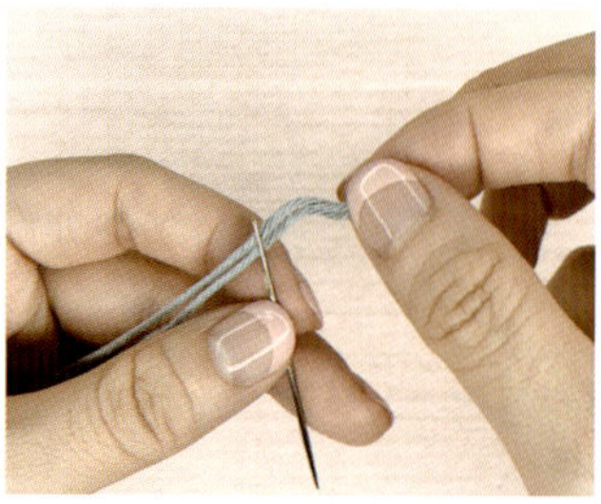

❺ 실을 빼냅니다.

05

시작하는 매듭 짓는 방법

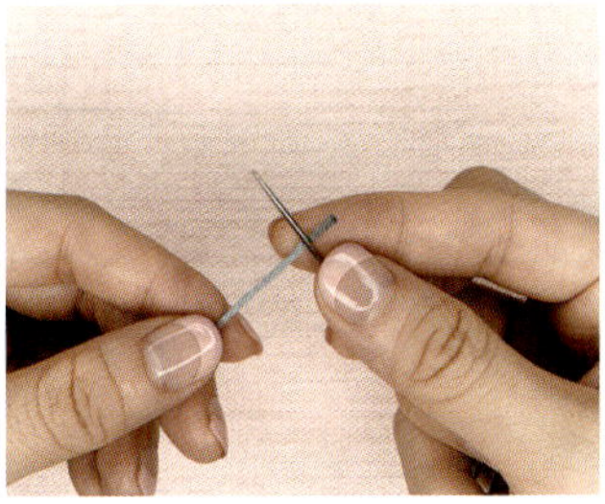

❶ 실 위에 바늘을 올립니다.

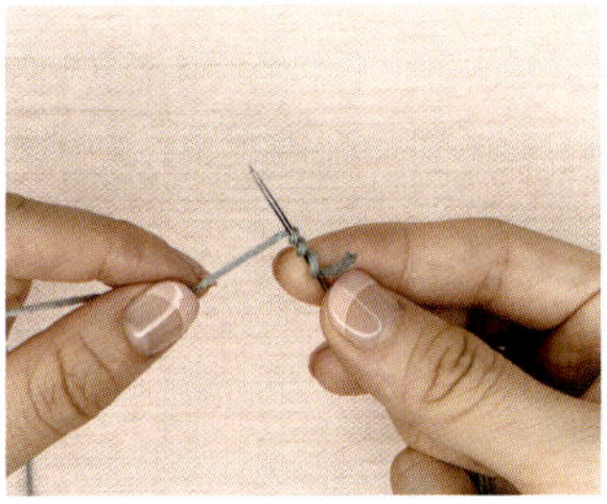

❷ 실로 바늘을 반시계방향으로 2~3 바퀴 감습니다.

※ 바늘을 감아 주는 횟수가 많아질수록 매듭의 크기가 커집니다.

❸ 한 손으로 꼬임을 잡은 채로 바늘을 위로 완전히 빼냅니다.

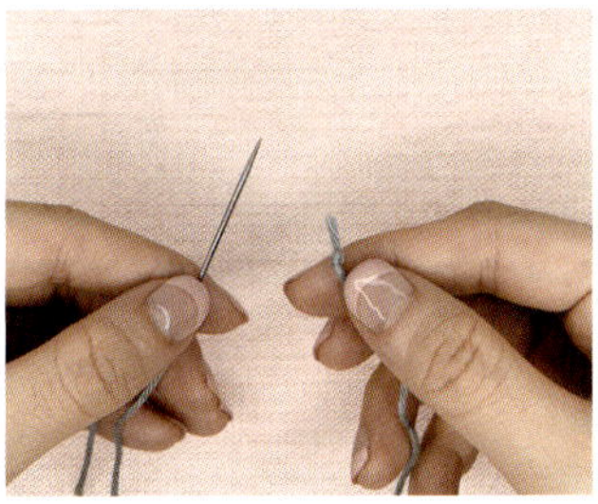

❹ 실 끝에 매듭이 생깁니다.

06

마무리 매듭 짓는 방법

❶ 실 위에 바늘을 올립니다.

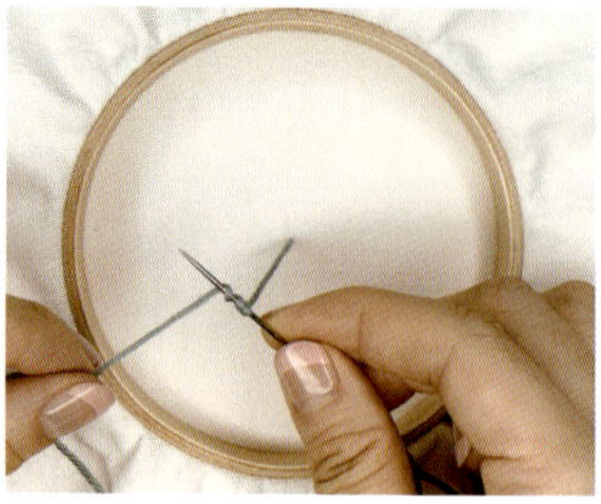

❷ 실로 바늘을 반시계방향으로 2~3 바퀴 감습니다.

※ 바늘을 감아 주는 횟수가 많아질수록 매듭의 크기가 커집니다.

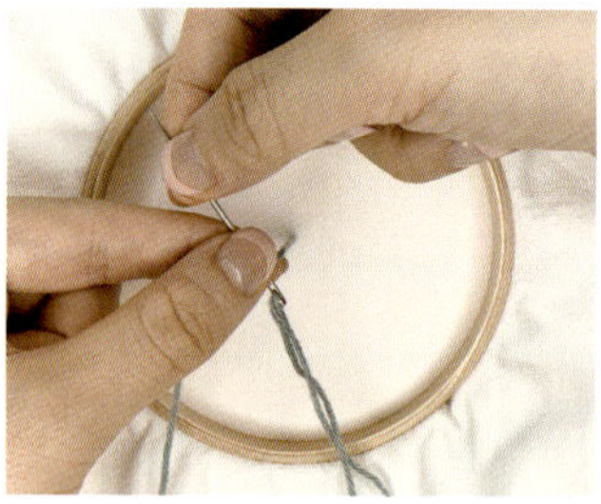

❸ 왼손으로 꼬임을 잡고, 바늘을 위로 완전히 빼냅니다.

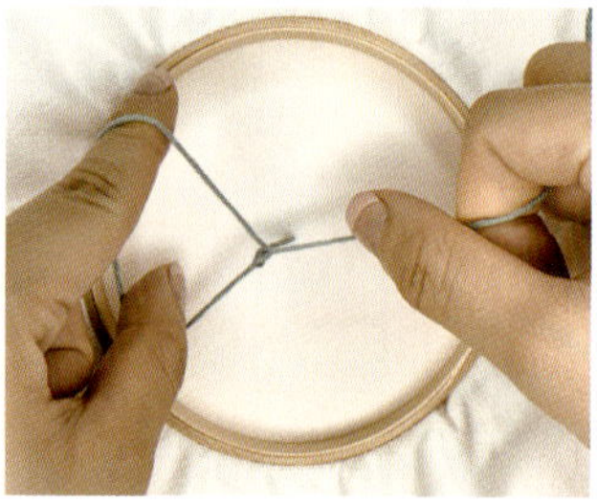

❹ 왼손으로 고리를 벌려 팽팽하게 유지하면서 오른손으로 실을 당겨 꼬임을 바닥으로 내립니다.

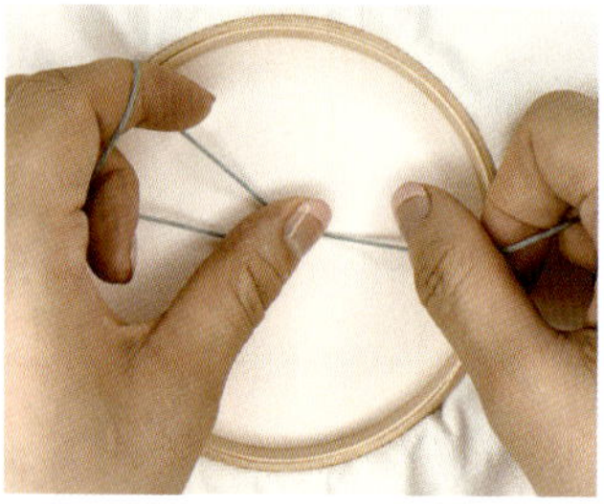

❺ 바닥으로 내린 꼬임을 왼손으로 눌러 고정한 채로 오른손의 실을 끝까지 당기면 매듭이 생깁니다.

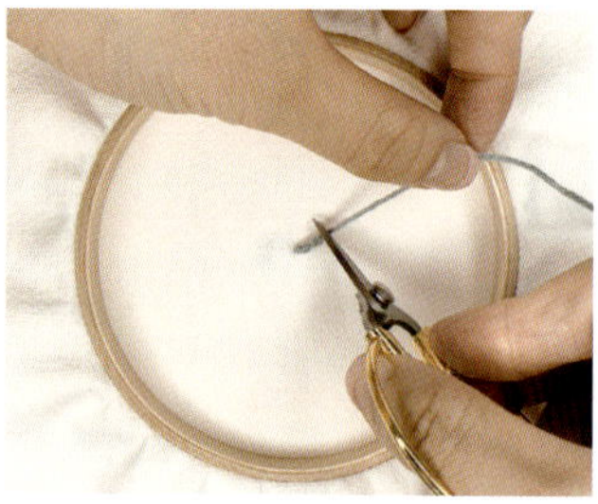

❻ 남은 실을 짧게 잘라 마무리합니다.

07 실이 모자랄 때 자연스럽게 연결하는 방법

자수를 놓는 도중 실이 모자랄 때 새로운 실로 자연스럽게 연결하는 방법입니다. 자수의 기본 단위인 '한 땀'은 들어가는 땀과 나오는 땀으로 이루어집니다.

들어가는 땀 : 기존 실을 사용　　**나오는 땀 : 연결해줄 새로운 실을 사용**

이렇게 한 땀을 두 가지의 실로 나누어 진행하면 실을 자연스럽게 연결할 수 있습니다.

❶ 들어가는 땀(기존 실) : 1로 들어갑니다.

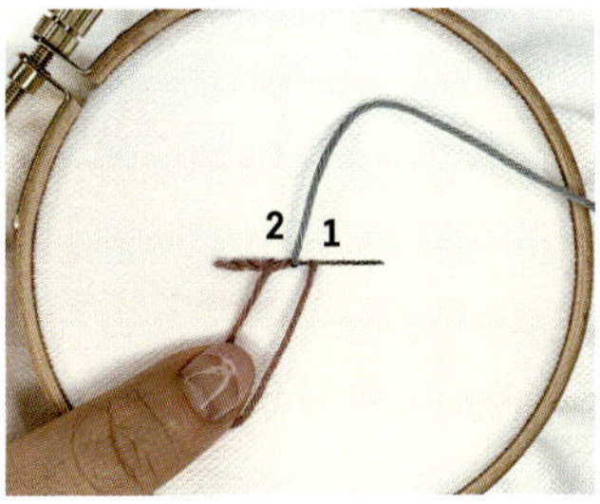

❷ 나오는 땀(새로운 실) : 2로 나옵니다.

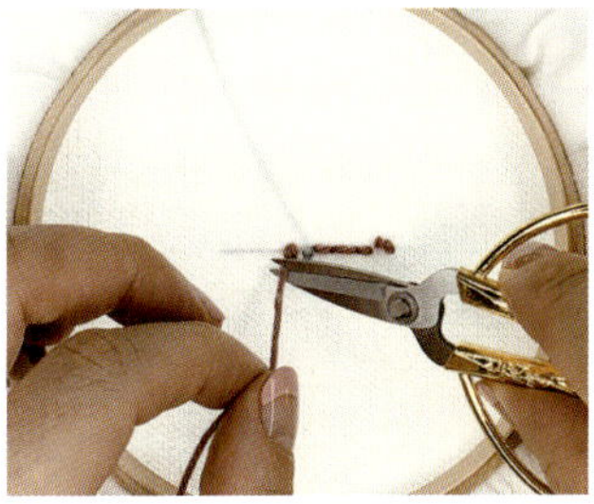

❸ 수틀을 뒤집어 기존 실을 당겨 매듭을 짓고 남은 실을 자릅니다.

❹ 새로운 실로 자수를 이어갑니다

❺ 들어가는 땀(기존 실) : 1로 들어가 매듭을 짓고 남은 실을 자릅니다.

❻ 나오는 땀(새로운 실) : 2로 나옵니다.

❼ 새로운 실로 자수를 이어갑니다.

08

입체 자수를 오려서 붙이는 방법

여러 개의 입체 스티치들이 가깝게 모여있는 도안은 초보자들이 수놓기에 어려울 수 있습니다. 그럴 경우, 입체 자수를 새로운 원단에 수놓아 오려낸 뒤 도안에 고정하는 방법을 사용할 수 있습니다.

※ 25번사, 4번사, 울사 입체 자수 모두 같은 방법을 사용할 수 있습니다.

❶ 새로운 원단에 수놓은 입체 자수를 자수의 매듭이 풀리지 않게 유의하면서 원단의 남은 부분을 바짝 잘라냅니다.

※ 새로운 원단은 도안 원단과 같은 원단을 사용합니다.

❷ 오려낸 입체 자수를 도안에 고정합니다.

※ 원단과 같은 색 25번사 2가닥

※ 이해의 편의를 돕기 위해 다른 색상의 실과 원단을 사용했습니다.

❸ 꽃잎을 살짝 들어가면서 사이의 원단 빈틈에 바늘을 꽂아 전체적으로 단단하게 고정합니다.

❹ 완성!

Indie
cmfeeltype

3

스티치 기법

01

스트레이트 스티치

한 점과 다른 한 점을 이어주는 스티치로, 직선을 가장 간단하게 표현할 수 있는 스티치입니다. 프리 스티치, 롱앤숏 스티치, 새틴 스티치 등 많은 스티치 표현의 기본이 되는 간단하지만 중요한 스티치입니다.

❶ 1에서 나옵니다.

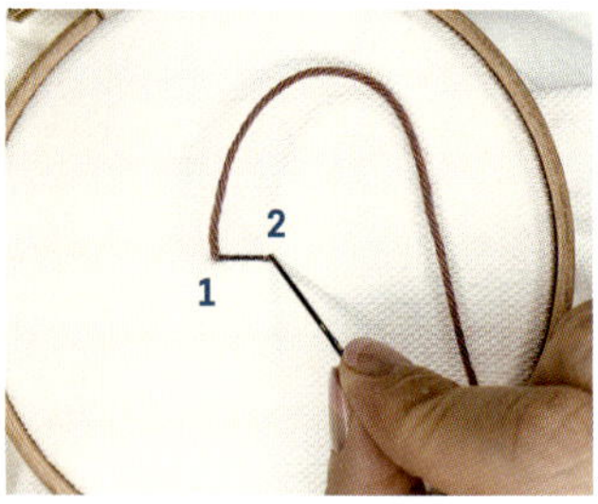

❷ 2로 들어가 마무리합니다.

02

아웃라인 스티치

'선'을 표현하는 데 가장 많이 사용되는 스티치로, 땀의 길이가 일정하고 '꼬임'의 모양이 잘 드러날수록 예쁘게 표현됩니다.

❶ 1에서 나와 2로 들어갑니다.
(1-2길이 = '한 땀'의 길이)

❷ 1-2의 중간 3(한 땀의 반)에서 나옵니다.

❸ 3에서 나온 실을 가볍게 당겨 여유분의 실을 없앱니다.

❹ 3에서 나온 실을 아래 방향으로 내려 꼬임을 만들고 4로 들어갑니다.
(1-2길이 = 3-4길이 = 한 땀)

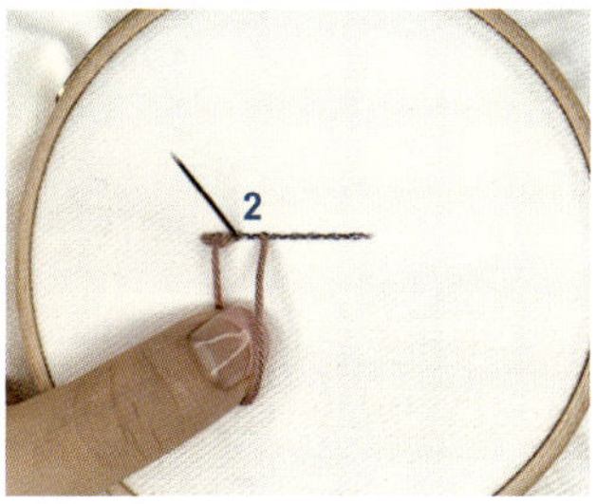

❺ 2(3-4 한 땀의 반)에서 나와 여유분의 실을 당겨 없앱니다.

❻ 실의 방향을 아래로 내려 꼬임을 만들고 앞의 과정을 반복합니다.

❼ 마지막 점으로 들어가 마무리합니다.

02-2

아웃라인 필링 스티치

'아웃라인 스티치'로 면을 채워가는 기법으로 스티치의 '결'을 잘 살리는 것이 중요합니다. '결'에 맞춰 먼저 등분을 나눠 놓고 면을 차례로 채워갑니다.

❶ 스티치의 결(방향)을 살려 등분을 나눠 아웃라인 스티치를 합니다.

❷ 등분 선에 가까운 외곽 부분부터 먼저 수놓고(녹색) 점차 안쪽으로 수놓아(노란색) 면을 채웁니다.

❸ 같은 방법으로 나머지 부분도 채웁니다.

03

레이지데이지 스티치

꽃잎이나 나뭇잎 표현에 좋은 스티치로, 실을 당겨주는 정도와 마지막에 꽂는 바늘의 위치를 조절해 다양한 모양의 꽃잎을 표현할 수 있습니다.

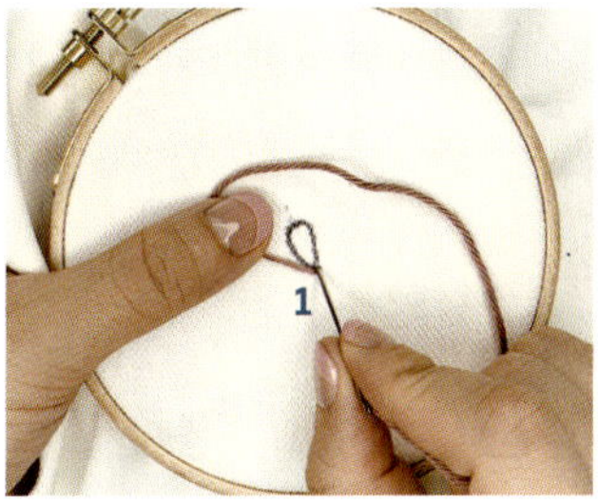

❶ 1에서 나와 다시 같은 점 1로 들어갑니다.

❷ 꽃잎의 가장 높은 부분인 2로 나옵니다.

❸ 2로 나온 실을 가볍게 당겨 고리를 원하는 크기로 줄입니다.

※ 이때 실을 느슨하게 당기면 둥글고 통통한 모양의 꽃잎이, 실을 팽팽하게 당기면 가늘고 길쭉한 모양의 꽃잎이 표현됩니다.

❹ 고리 바깥쪽의 점 3으로 들어가 마무리합니다.

※ 3의 위치가 고리에서 멀어질수록 끝이 뾰족한 모양의 꽃잎으로 표현됩니다.

04

체인 스티치

사슬 모양의 스티치로 스티치의 길이와 고리의 크기가 일정할수록 모양이 예쁘게 표현됩니다.

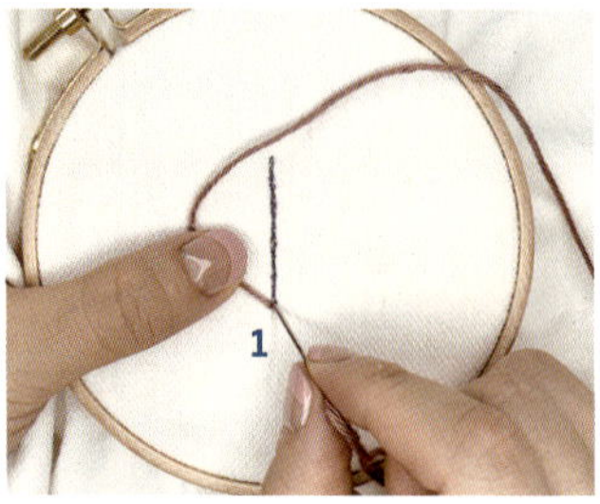

❶ 1에서 나와 다시 1로 들어갑니다.

❷ 2로 나오면서 실을 가볍게 당겨 고리의 크기를 줄입니다.
(1-2길이 = '한 땀'의 길이)

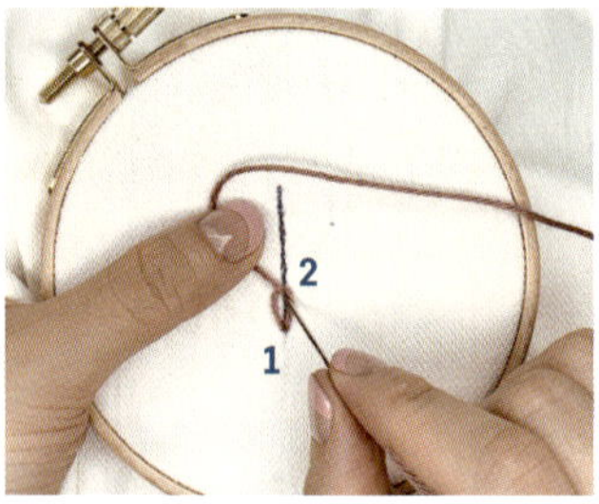

❸ 다시 같은 점 2로 들어갑니다.

❹ 3으로 나오면서 실을 가볍게 당겨 고리의 크기를 줄입니다. (1-2길이 = 2-3길이 = 한 땀) 앞의 과정을 반복합니다.

❺ 고리 바깥쪽의 가까운 한 점으로 들어가 마무리합니다.

05 지그재그 체인 스티치

'지그재그 모양'의 체인 스티치입니다. 지그재그 체인 스티치를 단독으로 수놓아 재미있는 선을 표현하거나, 여러 겹으로 겹쳐서 수놓아 입체적인 질감의 면을 표현할 수 있습니다.

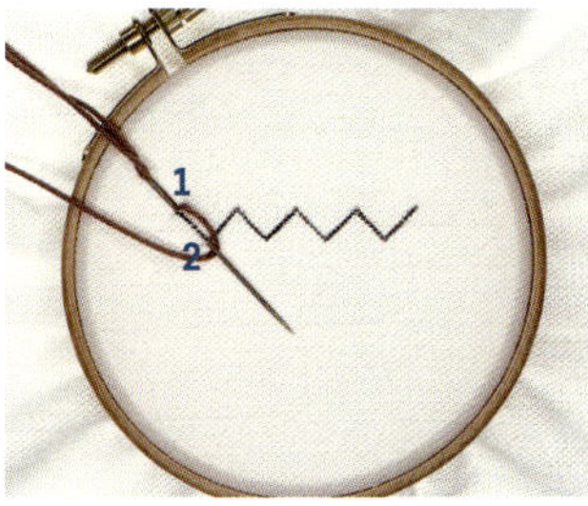

❶ 1에서 나와 다시 1로 들어가 2로 나오면서 사선 방향으로 체인 스티치(60페이지)를 합니다.

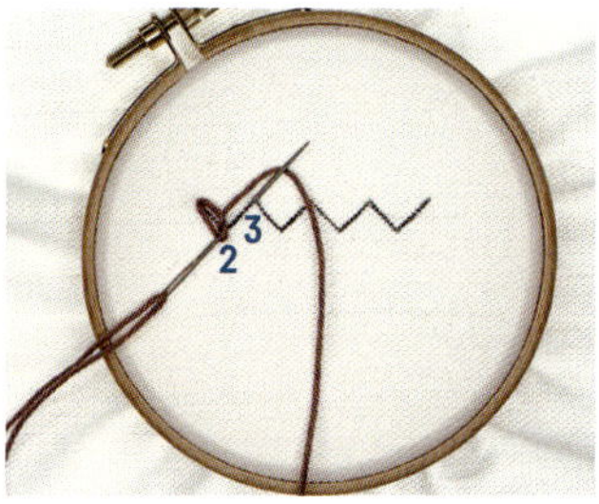

❷ 다시 2로 들어가 3으로 나오면서 사선 방향으로 체인 스티치를 이어갑니다.

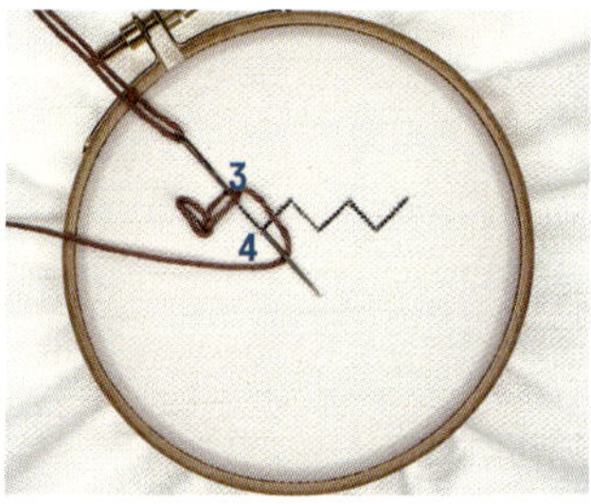

❸ 다시 3으로 들어가 4로 나오면서 앞의 과정을 반복합니다.

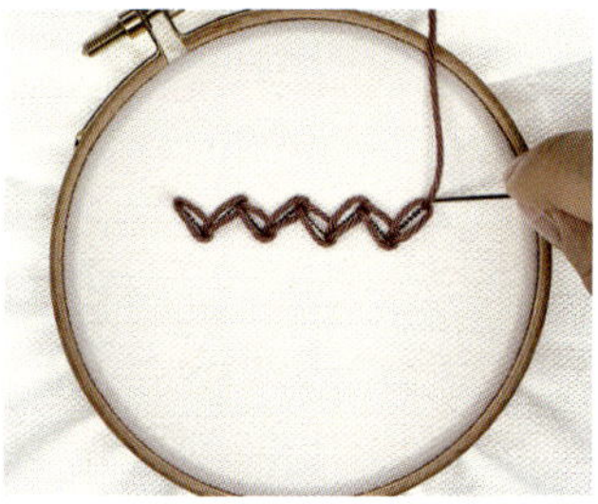

❹ 고리 바깥쪽의 가까운 한 점으로 들어가 마무리합니다.

05-2

겹쳐서 입체면 표현하기

지그재그 체인 스티치를 아래로 겹쳐 수놓아 재미있는 질감을 가진 입체적인 면을 표현해봅니다.

※ 체인 스티치를 느슨하게 당겨 수놓을수록 입체적인 질감이 더 잘 표현됩니다.

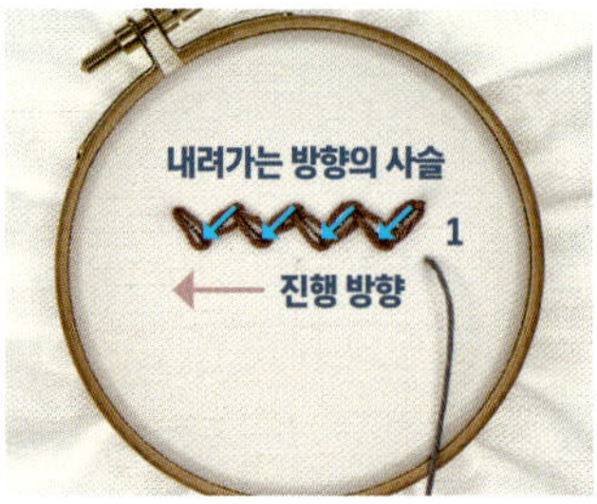

※ 진행 방향에서 내려가는 방향의 체인 안쪽으로 바늘을 빼내 지그재그 스티치를 합니다.

❶ 1단을 마무리한 곳 아래의 한 점,1에서 나와 2단을 시작합니다. 1에서 시작해 2로 나오면서 사선 방향으로 체인 스티치를 합니다.

(※ 2 : '내려가는 방향' 체인의 안쪽 한 점)

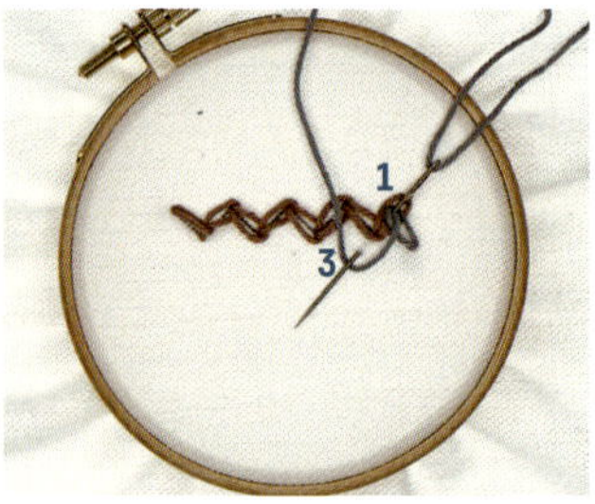

❷ 2에서 시작해 3으로 나오면서 사선 방향으로 체인 스티치를 합니다.

❸ 3에서 시작해 4로 나오면서 사선 방향으로 체인 스티치를 합니다. (※ 4 : '내려가는 방향' 체인의 안쪽 한 점) 앞의 과정을 반복합니다.

❹ 고리 바깥쪽의 가까운 한 점으로 들어가 마무리합니다.

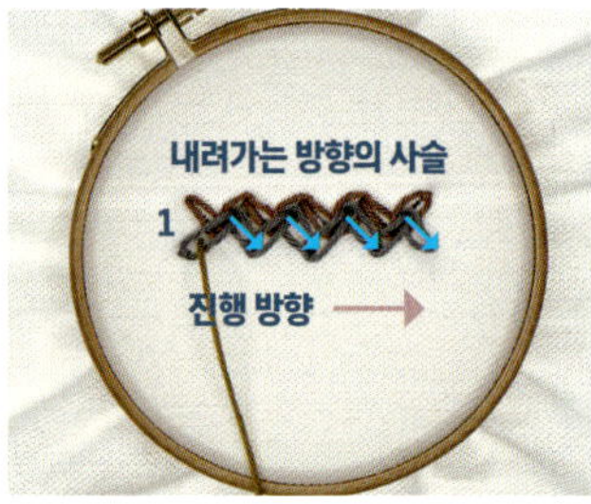

❺ 2단의 마지막 체인 고리의 안쪽 1에서 나와 3단을 시작합니다. 역시, 진행 방향에서 내려가는 방향의 체인 안쪽으로 바늘을 빼내 지그재그 체인 스티치를 합니다.

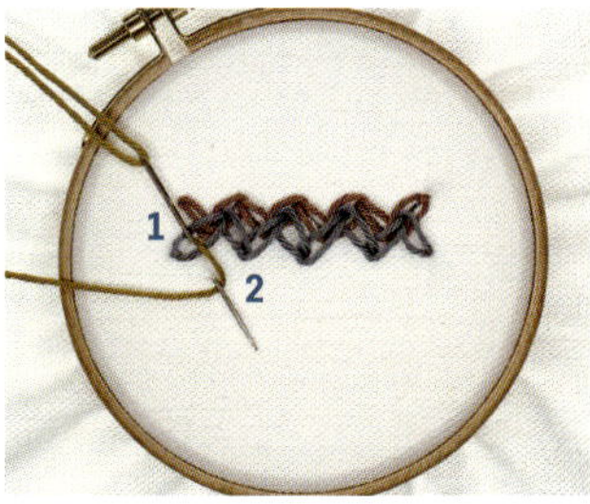

❻ 1에서 시작해 2로 나오면서 사선 방향으로 체인 스티치를 합니다.

❼ 2에서 시작해 3으로 나오면서 사선 방향으로 체인 스티치를 합니다.

(※ 3 : '내려가는 방향' 체인의 안쪽 한 점)

❽ 3에서 시작해 4로 나오면서 사선 방향으로 체인 스티치를 합니다.

❾ 4에서 시작해 5로 나오면서 사선 방향으로 체인 스티치를 합니다. (※ 5 : '내려가는 방향' 체인의 안쪽 한 점) 앞의 과정을 반복합니다.

❿ 고리 바깥쪽의 가까운 한 점으로 들어가 마무리합니다. 도안의 모양에 맞춰 아래로 스티치를 쌓아가며 입체적으로 면을 채웁니다.

06

플라이 스티치

대문자 'Y'모양의 스티치로 하나만 단독으로 놓기도 하고, 세로로 연결해서 수놓아 식물의 줄기 등을 표현하기도 합니다.

❶ 1에서 나와 2로 들어갑니다.

❷ 3으로 나오면서 실을 가볍게 당겨 각이 살아있는 'V'자 모양을 만듭니다.

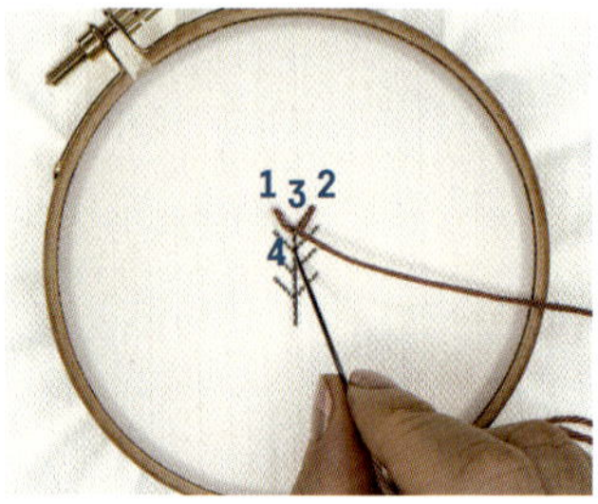

❸ 4로 들어가 마무리합니다

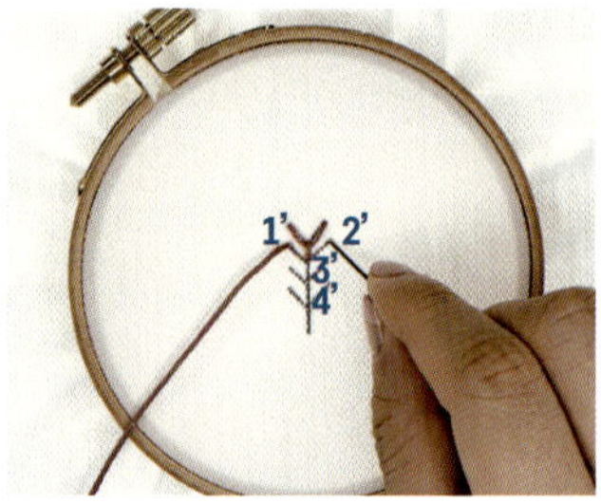

❹ 세로로 연결해서 수놓으려면 1'로 나와 2'로 들어가면서 앞의 과정을 반복합니다.

07

크레탄 스티치

입체적인 잎맥 표현이 매력적인 스티치입니다.

❶ 1에서 나와 바로 아래의 점 2로 들어갑니다.

❷ 2 아래의 3으로 나옵니다.

※ 1-2-3은 모두 중심선 위에 위치합니다. 잎의 끝을 물방울 모양으로 예쁘게 표현하려면 1-2의 간격은 최대한 가깝게, 2-3의 간격은 1-2의 간격보다 넓게 둡니다.

❸ 3으로 나온 실을 가볍게 당겨 고리의 크기를 줄이고 도안 외곽선 위의 점 4로 들어갑니다.

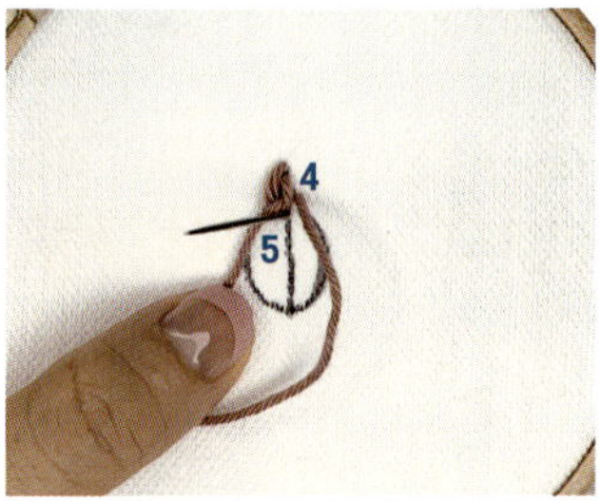

❹ 중심선의 점 5로 나오면서 실을 가볍게 당겨 고리의 크기를 줄입니다.

❺ 반대쪽 도안 외곽선 상의 6으로 들어갑니다.

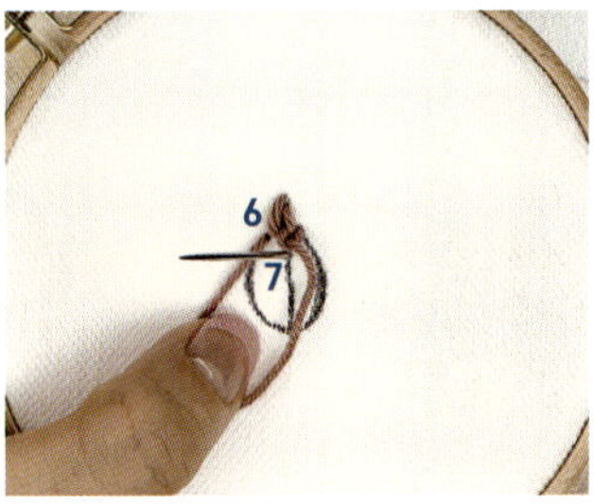

❻ 중심선의 점 7로 나오면서 실을 가볍게 당겨 고리의 크기를 줄입니다.

❼ 다시 반대쪽 도안 외곽선 상의 8로 들어가 앞의 과정을 반복합니다.

❽ 마지막 고리 바깥쪽의 한 점으로 들어가 마무리합니다.

08 프렌치넛 스티치

작고 귀여운 구슬 모양의 스티치로, 실의 가닥 수와 실을 감는 횟수를 조절해 스티치의 크기를 조절할 수 있습니다.

❶ 1에서 나온 뒤 실 위에 바늘을 올립니다.

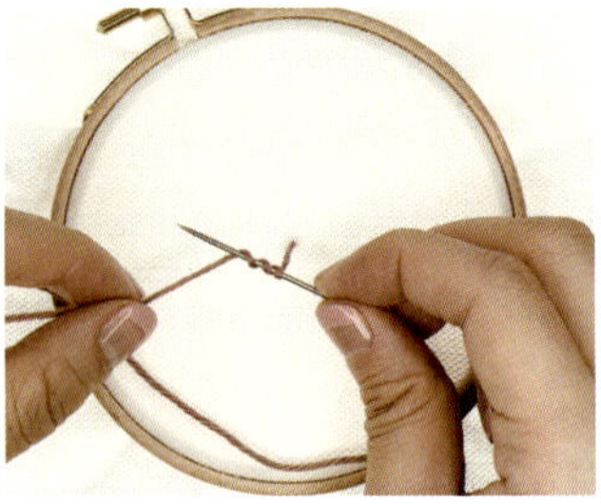

❷ 실로 바늘을 반시계방향으로 3바퀴 감습니다.

※ 실을 바늘에 너무 세게 감으면 나중에 바늘을 빼내기 어려우므로 너무 세게 감지 않도록 합니다.

※ 바늘을 감아 주는 횟수가 많아질수록, 사용한 실의 가닥수가 많을수록 프렌치넛 스티치의 크기가 커집니다. 단, 스티치 모양을 안정적으로 표현하기 위해선 2회에서 최대 3회 정도 감는 것이 적당합니다.

❸ 1과 가까운 점 2에 바늘을 꽂습니다. 이때, 왼손으로 실을 가볍게 당겨 팽팽함을 유지합니다.

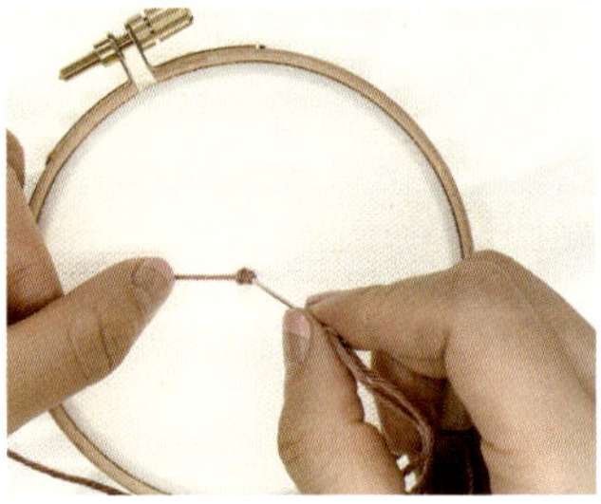

❹ 왼손으로 실을 당겨 꼬임을 바닥으로 내리고, 엄지로 실을 눌러 팽팽함을 유지한 채로 바늘을 원단 아래로 내려 마무리합니다.

09

프렌치넛 볼 스티치

여러 개의 '프렌치넛 스티치'로 만든 반구 형태의 입체 스티치로 탐스러운 열매나 귀여운 방울 등을 표현하기에 좋습니다.

❶ 새로운 원단에 도안을 옮겨 그리고 프렌치넛 스티치로 도안을 빈틈없이 채웁니다.

※ 이때 각각의 프렌치넛 스티치는 매듭을 짓지 않습니다.

❷ 스티치에서 3mm 정도의 간격을 띄우고 주변을 홈질합니다.

※ 프렌치넛 스티치와 같은 색 25번사 3가닥을 넉넉한 길이로 사용

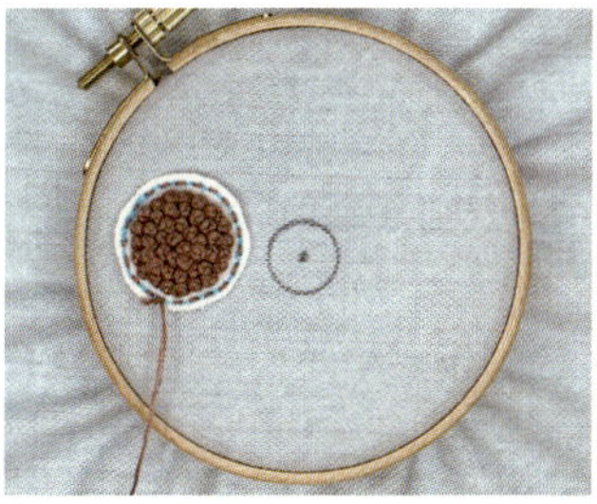

❸ 홈질이 풀리지 않을 정도의 여유를 남겨두고 스티치를 오려냅니다.

❹ 홈질의 매듭을 잡은 채로 실을 당기면서 오므려 '반구' 모양을 만듭니다.

❺ 완전한 반구 모양이 되면 도안의 중심으로 들어가 매듭을 짓습니다.

❻ 프렌치넛 스티치 사이의 공간으로 다시 바늘을 빼 올려 아래의 가까운 점으로 들어가 옆면의 뜨는 부분들을 단단하게 고정합니다.

※ 이해의 편의를 위해 다른 색상의 실을 사용했습니다.

❼ 같은 방법으로 옆면의 뜨는 부분들을 몇 군데 더 고정하고 마무리합니다.

10

스파이더웹로즈 스티치

기둥을 세우고 기둥 아래를 번갈아 통과하면서 꽃 모양을 만들어가는 스티치로, 간단한 방법으로 사랑스러운 꽃을 표현할 수 있습니다.

❶ 1에서 나와 중심으로 들어갑니다.

❷ 2로 나와 다시 중심으로 들어갑니다.

❸ 같은 방법으로 3 → 중심, 4 → 중심, 5 → 중심으로 들어가 총 5개의 기둥을 만듭니다.

※ 기둥의 개수는 반드시 '홀수'여야 하고, 5개 또는 7개가 적당합니다.

❹ 중심에서 가까운 한 점으로 다시 나옵니다.

※ 이해의 편의를 위해 다른 색상의 실을 사용했습니다.

❺ 기둥을 하나씩 건너뛰면서 기둥 아래로 바늘을 통과시킵니다.

❻ 바늘을 통과시킨 모습입니다.

❼ 다시 한 번 기둥을 하나 건너뛰고 바늘을 통과시킨 모습입니다.

❽ 한 바퀴를 돌아온 모습입니다.

❾ 중심에서부터 바깥쪽으로 기둥이 완전히 가려질 때까지 기둥을 감아 나갑니다.

❿ 기둥을 완전히 감싼 모습입니다.

※ 마지막에 나와 있는 실을 살짝 당겨주면 꽃의 높이가 높아지면서 더 입체적인 모양의 꽃이 표현됩니다.

⓫ 모든 기둥이 완전히 가려지면 기둥을 지난 가까운 한 점으로 들어가 마무리합니다.

10-2

목화솜 입체 스티치

스파이더웹로즈 스티치와 프렌치넛 스티치, 2가지 기법을 함께 사용해 폭신폭신한 질감이 살아있는 목화솜을 간단하게 표현해봅니다.

❶ 두 개의 동심원을 그리고 안쪽의 원은 프렌치넛 스티치를 수놓을 공간으로 비워둡니다.

※ 파란색 : 스파이더웹로즈 스티치의 기둥
※ 갈색 : 구역을 나눠 묶어줄 곳 (스파이더웹로즈 스티치의 기둥과 기둥 사이)

❷ 태피스트리 울사 1가닥으로 5개의 기둥을 세우고 태피스트리 울사 2가닥을 사용해 스파이더웹로즈 스티치 (68페이지) 로 기둥을 감쌉니다.

❸ 태피스트리 울사 1가닥으로 안쪽의 파란색 선과 갈색 선이 교차하는 점에서 나와 바깥쪽으로 들어가면서 스티치를 묶어줍니다.

※ 바깥쪽으로 묶어줄 때는 큰 동심원의 교차점보다 조금 안쪽으로 들어가 묶어주면 더욱 볼록한 모양으로 표현됩니다.

❹ 나머지 4곳도 같은 방법으로 묶어줍니다.

❺ 중앙에 프렌치넛 스티치(66페이지)를 수놓아 마무리합니다.

※ 프렌치넛 스티치: 태피스트리 울사 1가닥, 3회

11 페탈 스티치

꽃잎이나 나뭇잎을 부피감을 살려 오동통하게 표현하기에 좋은 스티치입니다.
여러 개의 링을 같은 크기로 만들어야 스티치가 예쁘게 표현됩니다.

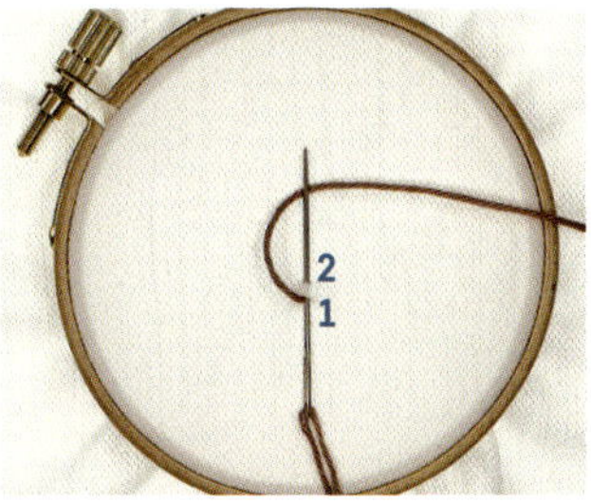

❶ 1에서 시작해 2로 나오면서 작은 '체인 스티치(60페이지)' 하나를 만듭니다.

❷ 1-2와 같은 선상 위의 점 3에 사진과 같이 시침 핀을 꽂습니다. (※ 1-3의 길이 = 꽃잎의 길이)

※ 시침핀을 사용하면 여러 개의 링을 같은 크기로 만드는 것이 수월합니다.

❸ 2에서 나온 실을 시침핀에 걸어주고 체인 스티치의 고리 안으로 통과시킵니다.

❹ 같은 방법으로 원하는 개수의 링을 만듭니다.

❺ 시침핀을 제거합니다.

❻ 왼손으로는 체인 스티치에서 나온 실을 잡고, 오른손으로는 바늘귀 방향으로 바늘의 반 정도를 링 안으로 넣습니다.

→ 다음 페이지로

❼ 왼손에 잡고 있던 실로 바늘대를 반 시계방향으로 한 바퀴 감습니다.

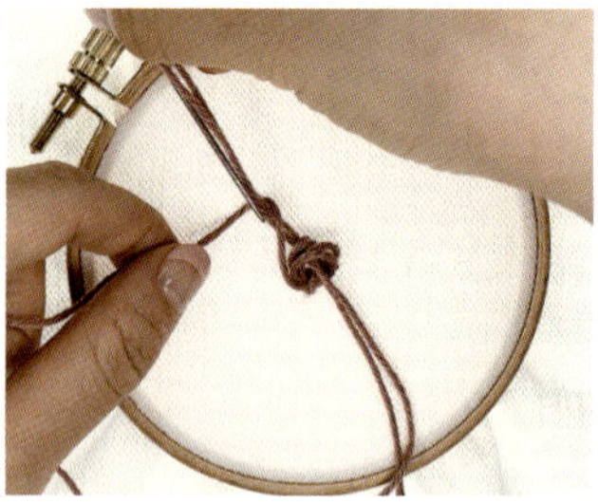

❽ 오른손으로 바늘을 링 밖으로 완전히 빼냅니다.

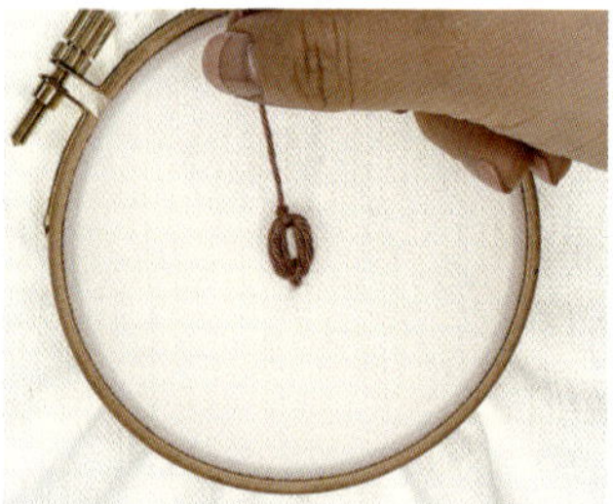

❾ 실을 가볍게 당겨주면 여러 개의 링이 하나로 묶입니다.

❿ 매듭과 가까운 한 점으로 들어가 마무리합니다.

12

로코코 스티치

사선으로 짧게 묶어준 스트레이트 스티치를 나란히 붙여 배치해 면을 채워가는 스티치로 올록볼록한 질감의 면을 표현할 수 있습니다.

❶ 1에서 나와 맞은편의 2로 들어가면서 스트레이트 스티치(56페이지)를 합니다.

❷ 3에서 나와 4로 들어가면서 스트레이트 스티치(1-2)를 사선으로 짧게 묶습니다.

❸ 같은 방법으로 5에서 나와 6으로 들어가 스트레이트 스티치를 사선으로 한 번 더 묶습니다.

※ 이런 형태의 선을 옆으로 나란히 붙여 수놓아 면을 채웁니다.

❹ 1 바로 옆의 7에서 나와 맞은편의 8로 들어가면서 스트레이트 스티치를 합니다.

❺ 9에서 10으로, 11에서 12로 들어가면서 스트레이트 스티치(7-8)를 사선으로 짧게 묶습니다.

※ 사선으로 묶는 위치는 옆 라인의 사선과 겹치지 않게 합니다.

❻ 앞의 과정을 반복해 면을 채웁니다.

13

케이블 스티치

도톰하고 고급스러운 질감을 가진 선을 표현하기에 좋은 스티치입니다.

❶ 1에서 나와 실을 아래쪽으로 내려두고 2로 들어가 3으로 나옵니다.

※ 2-3은 도안 선과 '수직'이 되게 합니다.

❷ 3으로 나온 실은 위쪽으로 올려두고 1-2에서 만들어진 작은 땀 아래로 바늘을 왼쪽으로 통과시킵니다.

※ 이때 바늘은 원단을 통과하지 않습니다.

❸ 1-2 땀 아래를 통과해 나온 실은 위쪽으로 올려두고, 1-2에서 만들어진 작은 땀 아래로 바늘을 위로 한 번 더 통과시킵니다.

※ 이때 바늘은 반드시 위쪽으로 올려둔 실의 위로 나와야 합니다.

❹ 하나의 케이블 스티치 모양이 완성됩니다.

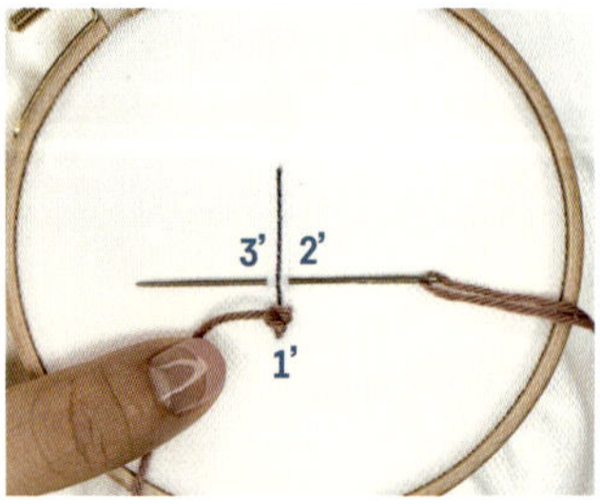

❺ 2'로 들어가 3'로 나오면서 앞의 과정을 반복합니다.

❻ 스티치 고리 바깥쪽의 가까운 한 점으로 들어가 마무리합니다.

14

실을 꼬아서 만드는 스티치

꼬아서 만든 실을 둥글게 말아 올려 만드는 입체 스티치로 컵케이크 위의 휘핑크림, 꽃 등을 재미있게 표현하기에 좋습니다.

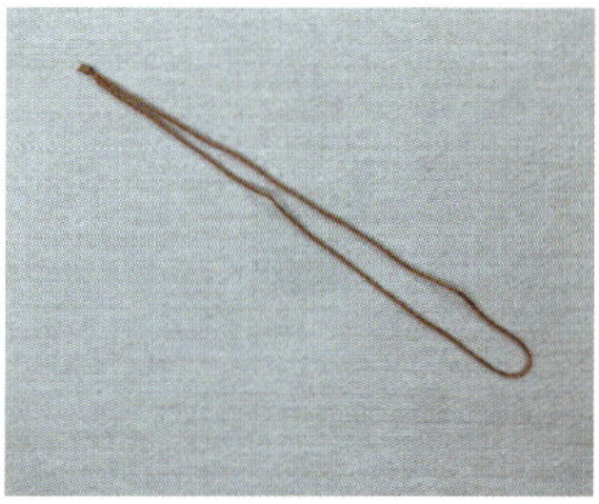

❶ 실을 반으로 접어 양 끝을 묶습니다.

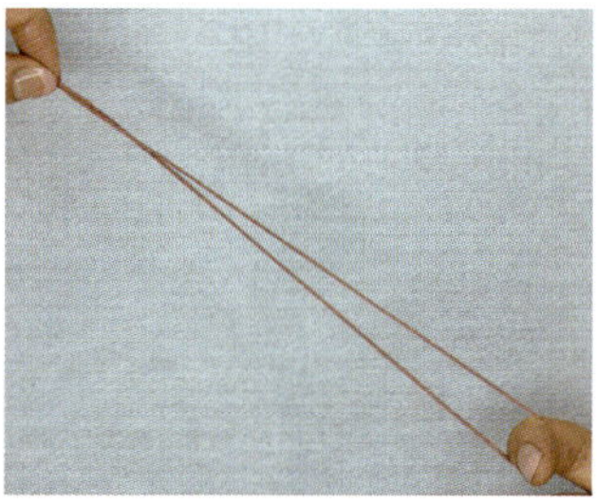

❷ 왼손으로 매듭을 잡고, 오른손 검지를 고리에 걸어 한 방향으로 돌려가며 꼬임을 만듭니다.

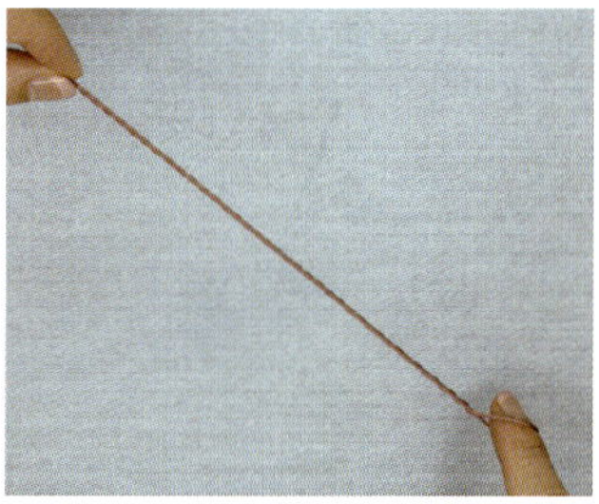

❸ 20~30회 정도 감으면 적당한 꼬임이 생깁니다.

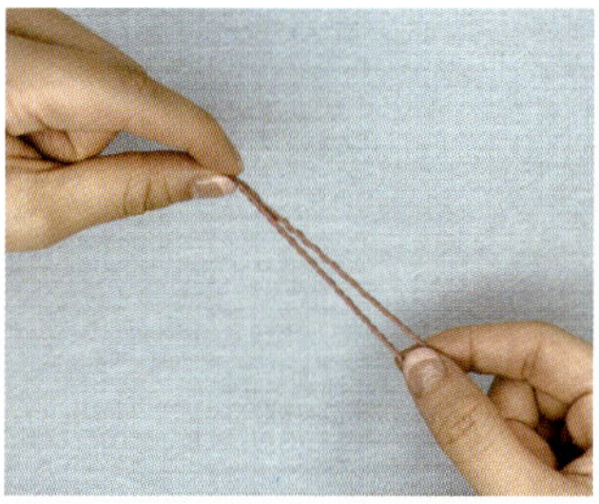

❹ 오른손 검지에 걸어둔 부분을 매듭 쪽으로 가져가 반으로 접습니다.

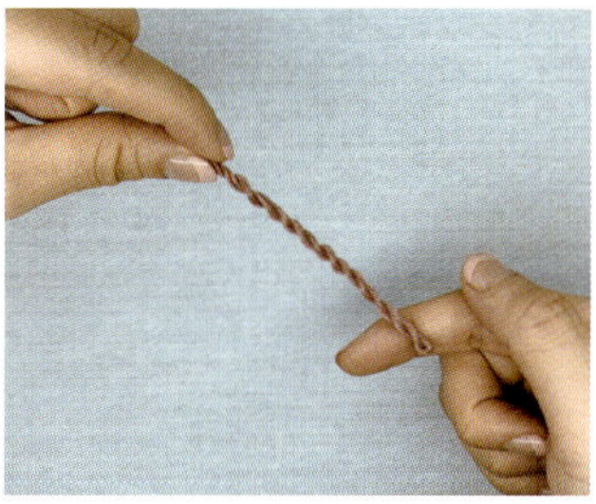

❺ 오른손을 놓으면 접힌 실이 서로 꼬이면서 굵은 꼬임이 예쁘게 생깁니다.

❻ 왼손으로 잡고 있던 매듭 부분을 25번사 2가닥으로 도안의 중심에 고정합니다.

※ 이해의 편의를 위해 다른 색의 실을 사용했습니다.

완성된 스티치

다음 페이지로

❼ 도안의 테두리를 따라 스티치를 고정합니다.

※ 스티치 꼬임의 2결 중 안쪽 결에 실을 걸어 고정합니다.

❽ 꼰 실을 위로 말아서 쌓아 올리면서 같은 방법으로 고정합니다.

❾ 모든 부분이 고정되면 반으로 접힌 부분으로 바늘을 넣습니다.

❿ 고리의 끝부분에 안정적으로 실이 걸린 모습입니다.

⓫ 도안의 중심으로 들어가 마무리합니다.

15

레이즈드 리프 스티치

끝부분이 원단에서 떠 있는 형태의 '잎' 모양 스티치입니다. 테두리의 기둥 2개와 중심 기둥 1개, 총 3개의 기둥을 번갈아 엮어가며 만드는 입체 스티치입니다.

❶ 잎의 가장 높은 부분으로 들어가 중심선에 맞춰 시침핀을 꽂습니다.

❷ 1에서 나와 실을 시침핀에 걸어준 뒤 2로 들어가 꽃잎의 테두리를 만듭니다.

❸ 1-2의 중점 3으로 나옵니다.

❹ 3에서 나온 실을 시침핀에 걸어 중심 기둥을 만듭니다.

❺ 1-2에서 걸어준 실은 바늘귀를 사용해 살짝 밀어 올리고, 3에서 걸어준 실은 아래로 가볍게 당겨 3에서 나온 실을 1-2의 테두리 안쪽으로 넣습니다. 그래야 완성 후 잎의 끝에 실 고리가 남지 않습니다.

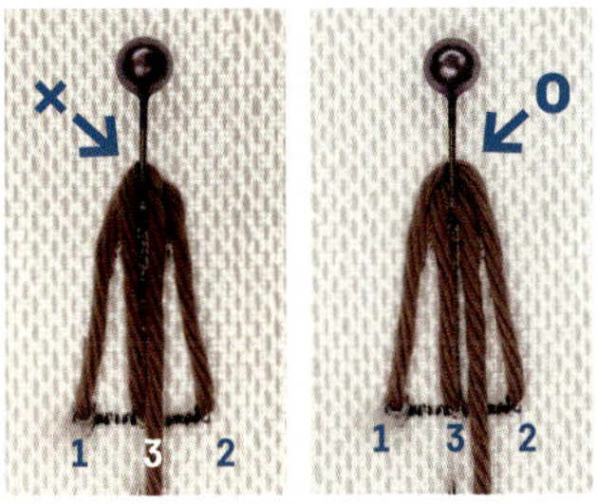

❻ 오른쪽처럼 중심 기둥이 테두리 안쪽으로 겹치게 합니다.

다음 페이지로

❼ 바늘을 양쪽 테두리 아래로 통과시킵니다. 이때 중심 기둥은 바늘 밑에 있습니다.

❽ 돌아오면서 바늘을 중심 기둥 아래로 통과시킵니다. 이때 중심 기둥은 바늘 위에 있습니다.

❾ 앞의 과정을 반복하면서 3개의 기둥을 번갈아 엮어 내려갑니다.

❿ 스티치를 엮어가면서 바늘대로 스티치를 밀어 올려 결을 정리합니다.

⓫ 중심 기둥을 통과 후 가까운 한 점으로 들어가 마무리합니다. 시침핀을 제거합니다.

TIP 여러 겹의 레이즈드 리프 도안 보는 방법

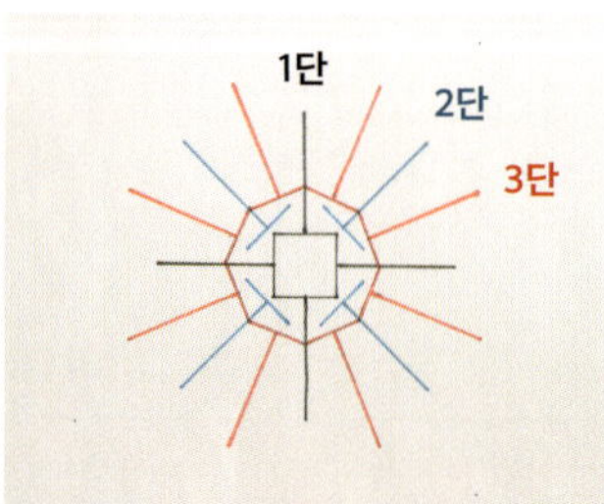

3겹으로 이뤄진 레이즈드 리프 스티치는 도안의 'ㅗ'자 모양에 맞춰 시침핀을 꽂은 뒤 1단(4잎) → 2단(4잎) → 3단(8잎)의 순서로 안쪽의 꽃잎부터 먼저 수놓습니다.

16

카드에 실을 감아서 만드는 스티치

일정한 폭의 카드에 실을 감아서 만드는 스티치로, 카드의 폭과 실을 감아 주는 횟수를 조절해 다양한 느낌으로 꽃을 표현할 수 있습니다. 감는 횟수가 적으면 하늘하늘한 느낌의 꽃이, 감는 횟수가 많으면 풍성한 느낌의 꽃이 표현됩니다.

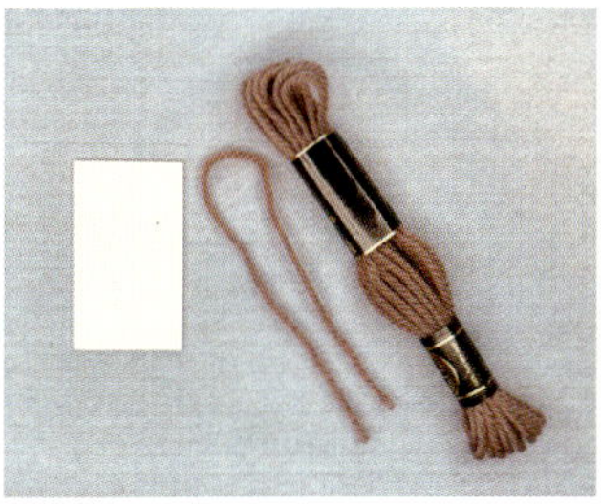

❶ 일정한 폭의 카드, 중심을 묶어줄 짧은 실, 카드를 감아줄 넉넉한 양의 실을 준비합니다.

❷ 실 끝부분을 카드의 끝에 맞춰 두고 실을 한 방향으로 감습니다.

※ 실은 카드에 수직으로 감습니다.

❸ 원하는 횟수만큼 실을 카드에 감은 뒤 남은 실을 자릅니다.

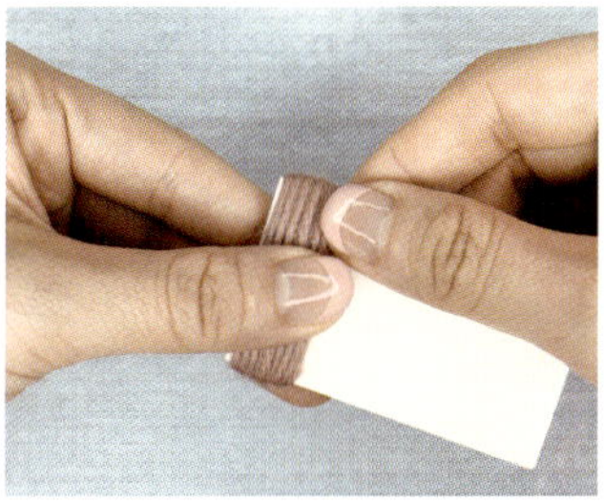

❹ 감아놓은 실이 풀리지 않게 왼손으로 스티치를 잡고 카드를 빼냅니다.

❺ 중앙 부분을 단단하게 묶습니다.

※ 이해의 편의를 위해 다른 색의 실을 사용했습니다.

❻ 나비 모양으로 갈라진 중앙 부분을 모아서 둥근 모양으로 만듭니다.

❼ 중앙을 묶어준 실로 도안에 고정합니다.

❽ 중앙에 프렌치넛 스티치(66페이지)를 수놓아 마무리합니다.

※ 프렌치넛 스티치: 태피스트리 울사 1가닥, 3회

17

캐스트온 로즈 스티치

뜨개 느낌으로 꽃을 예쁘게 표현할 수 있는 스티치입니다. 캐스트온 데이지 스티치로 수놓은 중심을 캐스트온 스티치로 겹겹이 감싸주며 꽃 모양을 만들어 나갑니다. 감싸주는 겹의 수와 캐스트온 고리의 수를 자유롭게 변경해 꽃의 크기를 조절할 수 있습니다.

부채꼴 모양의 캐스트온 데이지 스티치입니다.

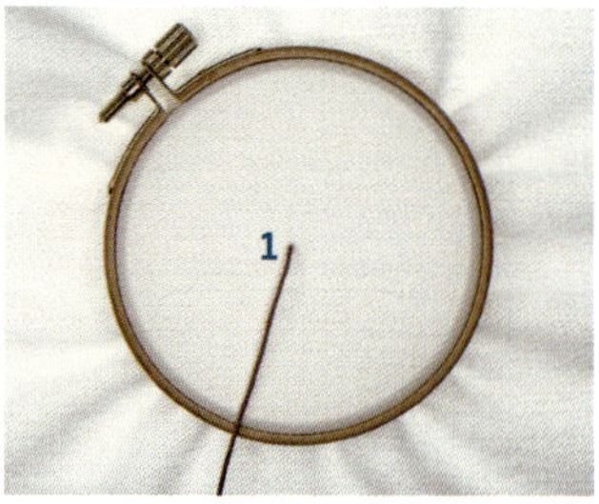

❶ 1에서 나옵니다.

❷ 1에서 가까운 점 2로 들어가 다시 1로 나오면서 바늘을 원단에 걸어줍니다.

※ 바늘귀 바로 앞부분까지 바늘을 깊게 걸어줍니다.

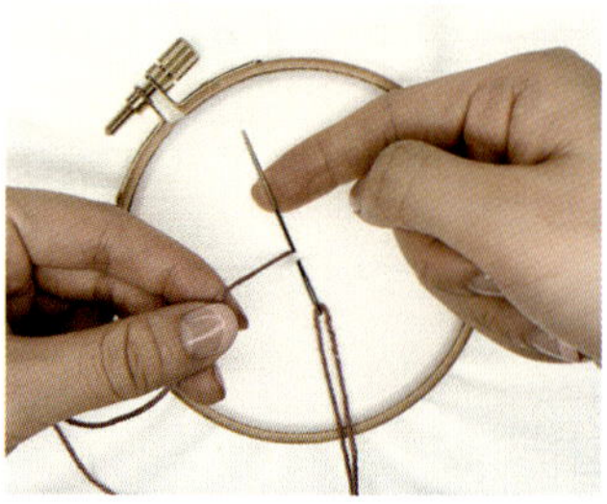

❸ 왼손 엄지, 검지, 중지로 실을 잡고, 오른손 검지로 바늘대 아래를 받칩니다.

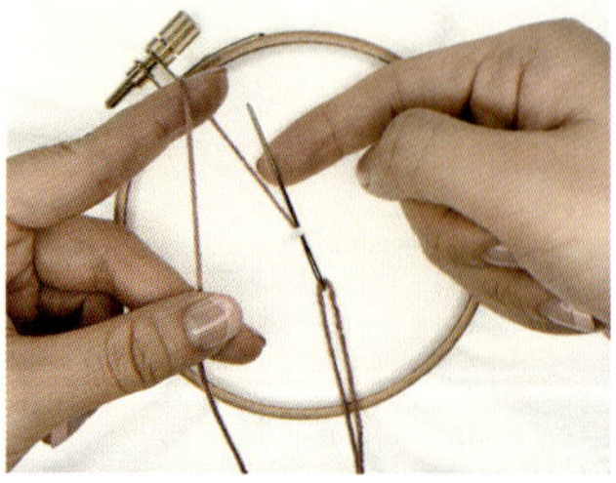

❹ 왼손 검지를 벌려 바늘 끝 가까이에 가져갑니다.

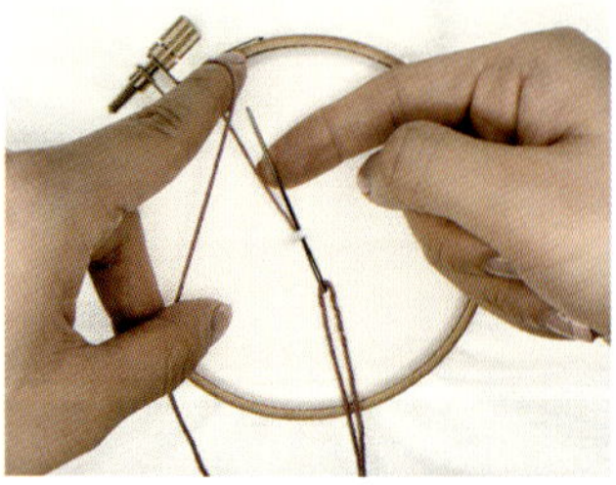

❺ 왼 손목을 안쪽으로 회전시켜 실 고리를 만듭니다.

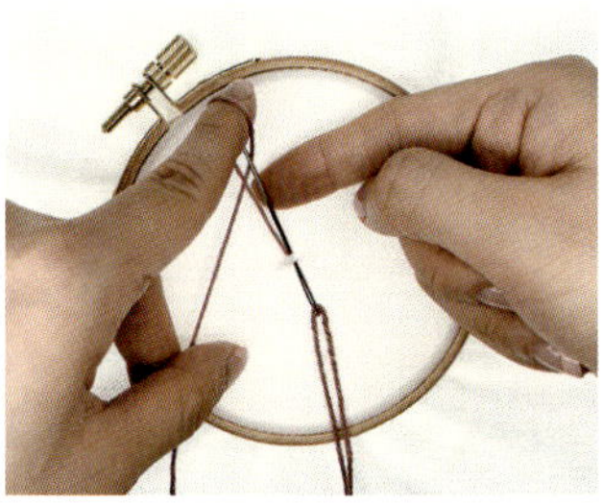

❻ 만들어진 고리를 바늘에 걸어줍니다.

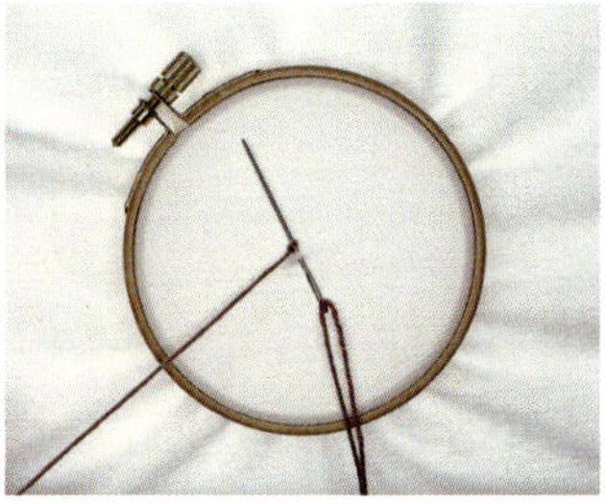

❼ 실을 가볍게 당겨 고리의 크기를 줄입니다.

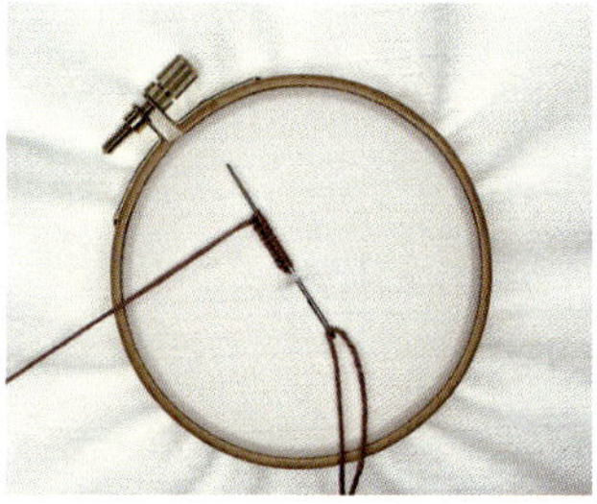

❽ 앞의 과정을 반복해 10개의 고리를 바늘에 걸어줍니다.

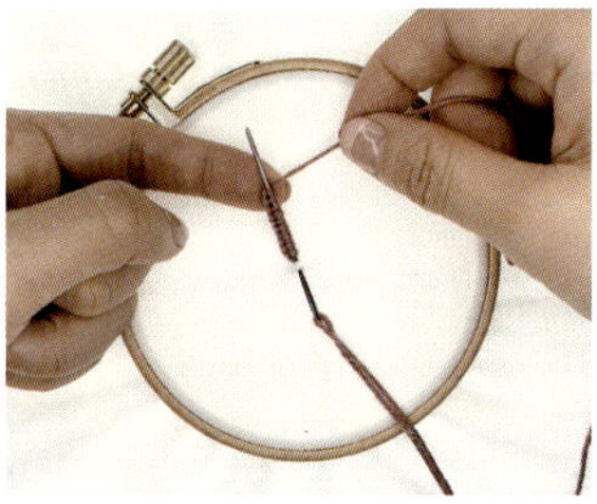

❾ 마지막에 남은 실을 바늘 뒤쪽(오른쪽)으로 넘겨주면 스티치의 끝이 더 깔끔하게 나옵니다.

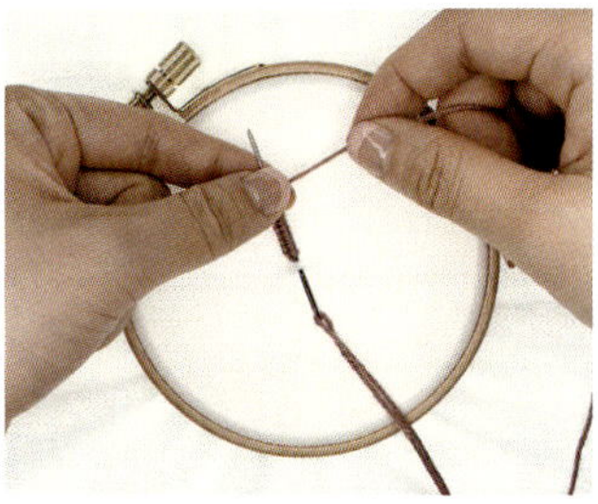

❿ 왼손으로 스티치의 끝부분을 잡은 채 오른손으로 바늘을 위로 빼냅니다.

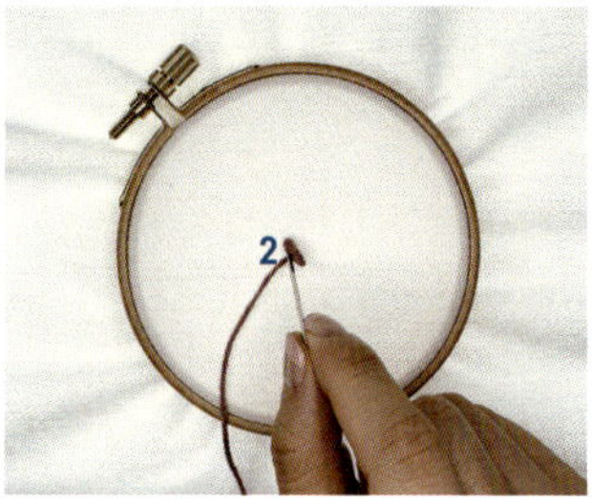

⓫ 2로 들어가 마무리합니다.

캐스트온 데이지 스티치 주변을 캐스트온 스티치로 겹겹이 감싸 꽃 모양을 만들어갑니다.

⓬ 3으로 나옵니다.

※ 마지막 꽃잎이 들어올 여유 공간을 띄워둡니다.(화살표 부분)

⓭ 4로 들어가 다시 3으로 나오면서 바늘을 원단에 걸어줍니다.

※ 3-4의 길이 = 꽃잎의 길이

다음 페이지로

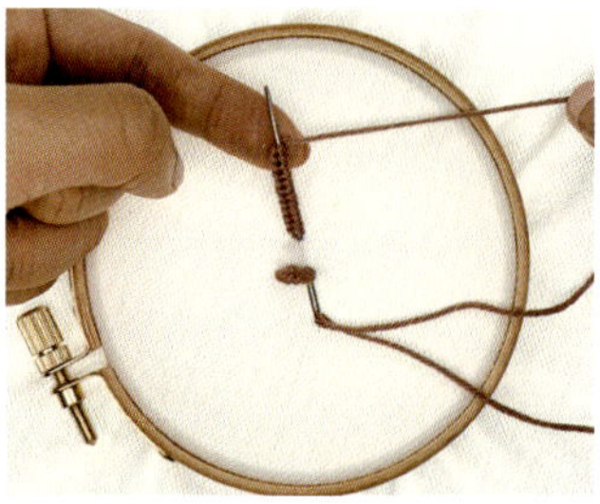

⑭ 12개의 고리를 만들어 걸어주고 바늘을 완전히 빼냅니다.

⑮ 바늘을 빼낸 후 오른손으로 실을 가볍게 당겨 아래에 남는 실(화살표 부분)을 완전히 없앱니다.

⑯ 4로 들어가 마무리합니다.

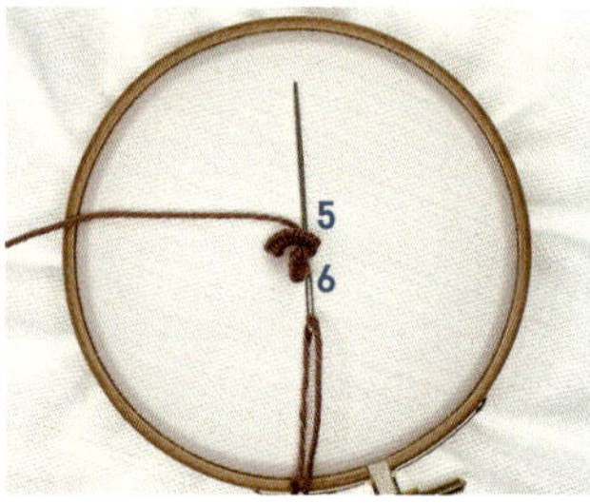

⑰ 꽃잎이 1/3정도 겹쳐지는 위치인 5에서 나와 중심을 감싸가며 같은 방법으로 스티치를 합니다.

※ 3-4의 길이 = 5-6의 길이

⑱ 중심을 감싸는 마지막 꽃잎(7-8)은 꽃잎이 1/3정도 겹쳐지는 위치인 7에서 나와 중심을 감싸가며 같은 방법으로 스티치를 합니다.

※ 8 : 처음에 미리 비워뒀던 공간

⑲ 마지막 꽃잎 : 첫 번째 꽃잎(3-4)의 안쪽으로 들어가 모든 꽃잎이 서로를 감싸는 형태가 됩니다.

※ 같은 방법으로 안쪽을 감싸나가면서 바깥쪽에 원하는 겹만큼의 꽃잎을 수놓습니다.

⑳ 14개의 고리를 만들어 걸어주고, 앞의 방법과 같은 방법으로 중심을 감싸 나갑니다.

※ 바깥쪽의 꽃잎은 캐스트온 고리의 개수를 늘려 안쪽의 꽃잎보다 꽃잎의 길이를 늘려줍니다.

㉑ 일부분을 띄워두고 중심을 감싸면 한쪽을 향하는 형태의 꽃을 표현할 수 있습니다.

17-2

캐스트온 + 빨대를 사용하는 스티치

고리를 걸어주는 기둥의 굵기를 달리해 캐스트온 스티치의 크기를 조절할 수 있습니다. 바늘만 사용하거나, 바늘에 가는 빨대, 굵은 빨대를 끼워서 고리를 걸어주는 기둥의 굵기를 다양하게 변경할 수 있습니다. 25번사, 4번사, 태피스트리 울사 모두 스티치 방법은 같습니다.

❶ 바늘에 가는 빨대를 끼웁니다.

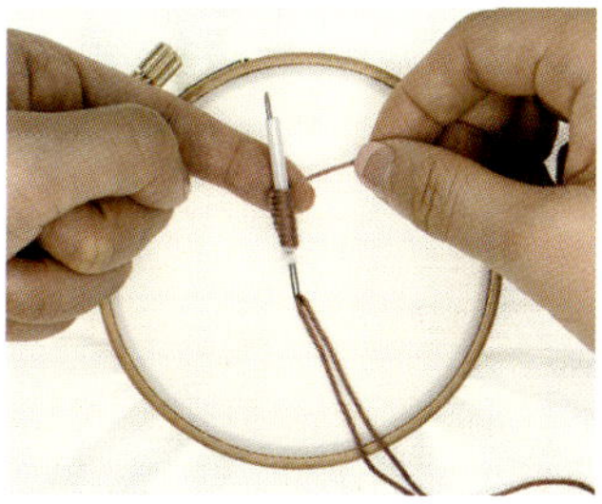

❷ 빨대 위에 고리를 걸어줍니다.

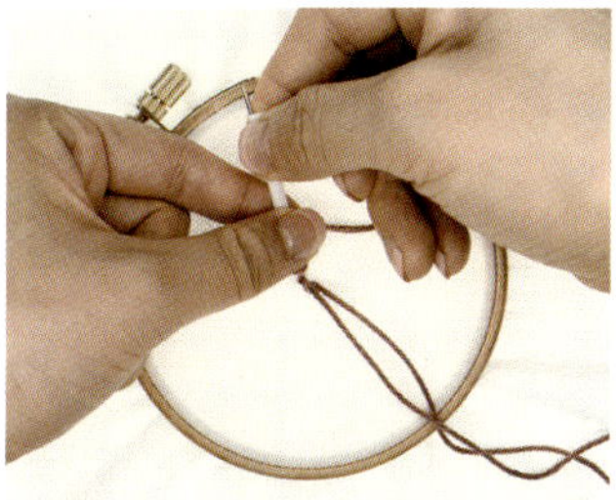

❸ 왼손으로 스티치를 잡은 채로 빨대와 바늘을 함께 빼냅니다.

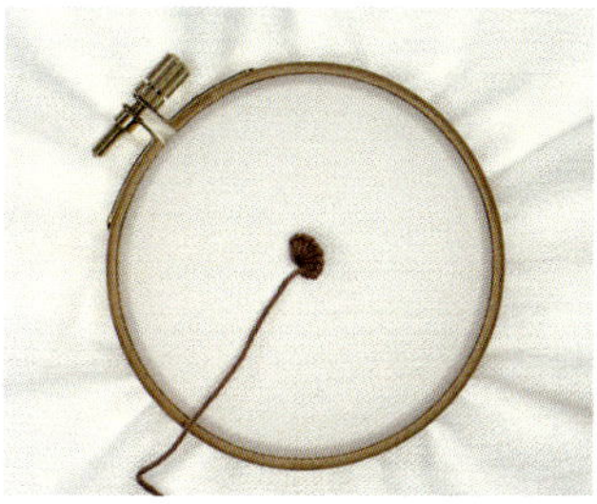

❹ 중심으로 들어가 마무리합니다. 가는 빨대 굵기의 면을 가진 캐스트온 데이지 스티치가 완성됩니다.

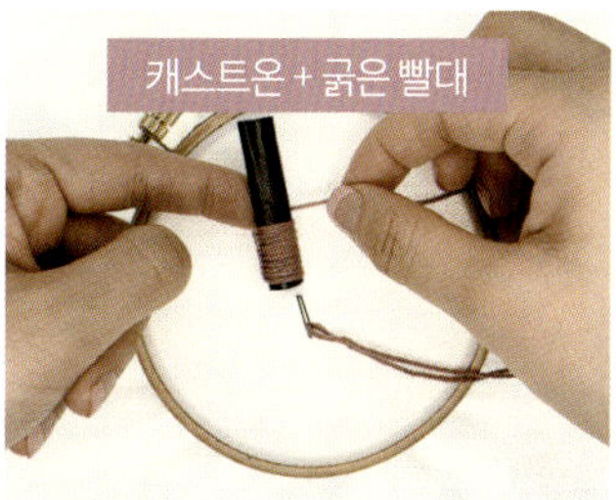

❺ 바늘에 굵은 빨대를 끼워 가는 빨대를 사용하는 스티치와 같은 방법으로 캐스트온 스티치를 합니다.

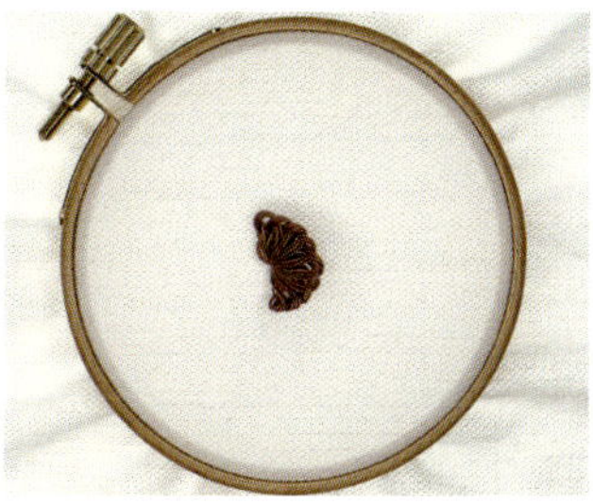

❻ 굵은 빨대 굵기의 면을 가진 캐스트온 데이지 스티치가 완성됩니다.

18 캐스트온 데이지 볼 스티치

여러 개의 '캐스트온 데이지 스티치'로 만든 구불구불한 면을 가진 반구 형태의 입체 스티치입니다. 여러 종류의 빨대를 사용하여 캐스트온 스티치의 크기를 조절해 다양한 느낌으로 스티치를 표현할 수 있습니다.

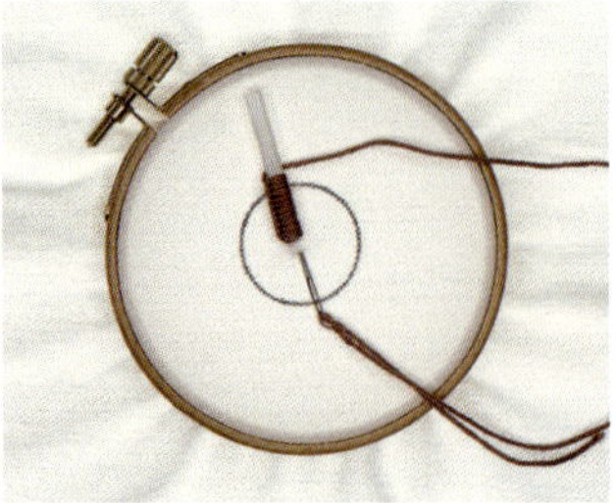

❶ 새로운 원단에 도안을 옮겨 그리고 가는 빨대를 사용하여 캐스트온 데이지 스티치(80페이지)를 합니다.

※ 이때 각각의 스티치는 매듭을 짓지 않습니다.

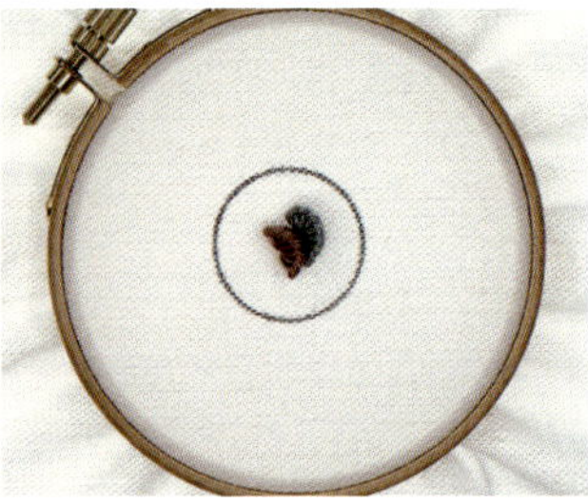

❷ 두 가지 이상의 색을 사용할 때는 색을 하나씩 번갈아 가며 수놓습니다.

❸ 캐스트온 데이지 스티치로 도안을 빈틈없이 채웁니다.

※ 스티치의 방향을 불규칙하게 수놓을수록 구불구불한 질감이 예쁘게 나옵니다.

❹ 스티치 주변을 홈질하고 오려낸 뒤 실을 당겨 반구 형태로 만듭니다.

※ 프렌치넛 볼 스티치(67페이지) 참고

❺ 도안의 중심으로 들어가 매듭을 짓고, 옆면의 뜨는 부분들을 몇 군데 더 고정하고 마무리합니다.

※ 프렌치넛 볼 스티치(67페이지) 참고

솔방울 입체 자수

가는 빨대를 사용한 캐스트온 데이지 볼 스티치로 입체적인 솔방울을 만들어 봅니다.

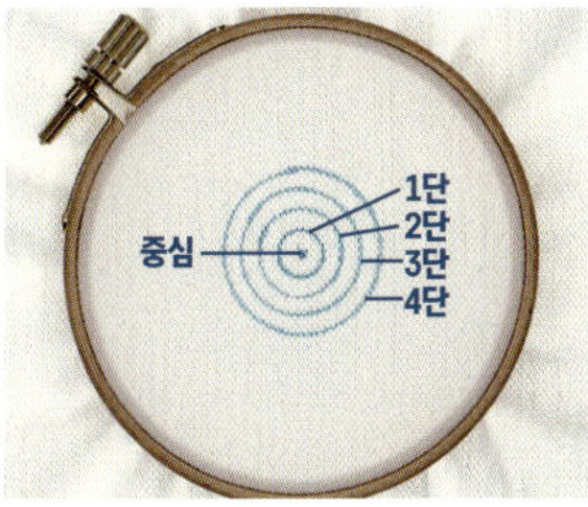

❶ 새로운 여유분 원단에 동심원 모양으로 도안을 그립니다.

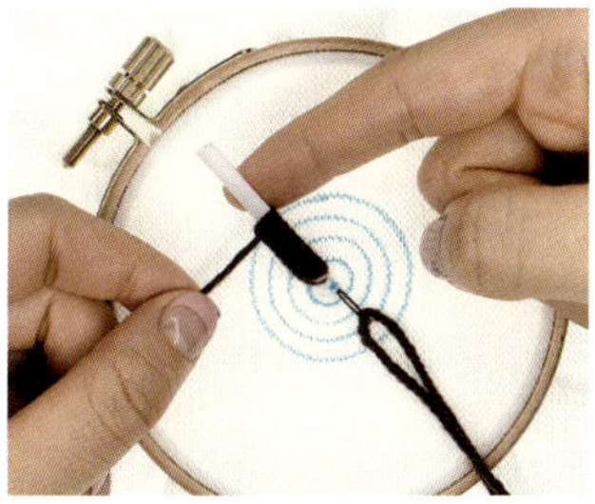

❷ 가는 빨대를 사용해서 중심에 캐스트온 데이지 스티치(80페이지)를 수놓습니다.

※ 도안에 표시된 고리의 개수를 참고합니다.

❸ 도안 선에 맞춰 캐스트온 스티치(81페이지)를 합니다.

※ 1-2의 간격 = 5mm 내외

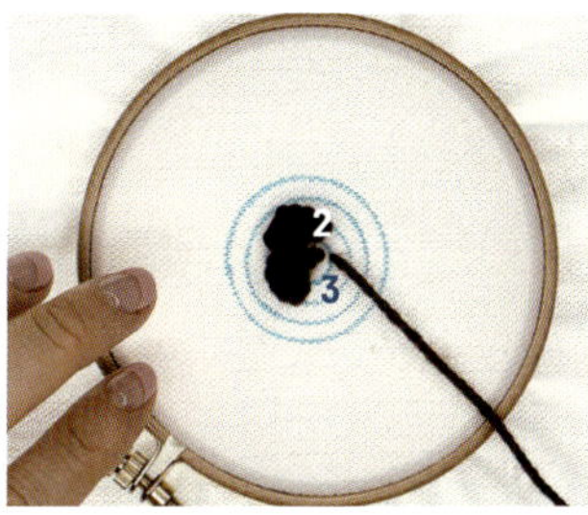

❹ 2에서 조금 떨어진 3에서 나와 같은 방법으로 도안 선에 맞춰 캐스트온 스티치를 합니다.

※ 2-3의 간격 = 5mm 내외

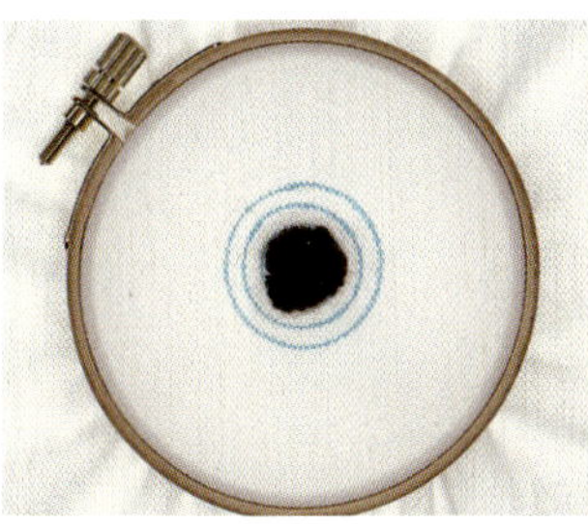

❺ 1단 완성

※ 스티치의 방향은 안쪽 원을 감싸듯이 수놓아야 솔방울 특유의 모양이 잘 표현됩니다.

❻ 동심원의 도안에 맞춰 도안을 빈틈없이 채웁니다.

※ 한 단에 포인트 색상을 자유롭게 하나씩 섞어 자연스러운 색감의 솔방울을 표현합니다.

다음 페이지로

❼ 스티치 주변을 홈질한 뒤 오려내고 실을 당겨 반구 형태로 만듭니다.

※ 캐스트온 데이지 볼 스티치(84페이지) 참고

❽ 사이즈가 다른 2개의 캐스트온 데이지 볼 스티치를 수놓아 준비합니다.

※ 큰 것 : 솔방울의 아랫부분
※ 작은 것: 솔방울의 윗부분

❾ 큰 것은 매듭짓고 남은 실을 짧게 자릅니다. 작은 것은 남은 실을 길게 남겨둡니다.

❿ 작은 것의 실을 큰 것의 중심으로 통과시켜 두 개의 스티치를 하나로 연결합니다.

⓫ 새로운 실로 솔방울의 측면을 홈질해 두 개의 스티치를 안정적으로 고정하고 매듭을 짓습니다.

※ 25번사 2가닥 사용

⓬ 아래로 나와 있는 실로 솔방울을 도안에 고정하고 마무리합니다.

20 드리즐 스티치

끝부분이 원단에서 떠 있는 '기둥' 모양의 스티치입니다. 과일의 꼭지를 수놓는 데 많이 쓰이며 여러 개를 함께 수놓아 수풀이나 잔디, 동물의 털 등을 귀엽게 표현하기에 좋은 스티치입니다.

❶ 1에서 나옵니다.

❷ 바늘에서 실을 완전히 빼내고, 바늘을 1과 가까운 한 점에 수직으로 꽂습니다.

❸ 1에서 나온 실로 원하는 개수만큼의 캐스트온 스티치(81페이지) 고리를 만들어 바늘에 걸어줍니다.

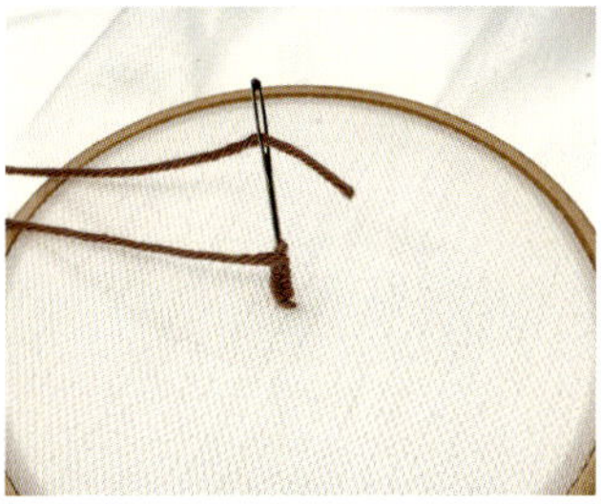

❹ 실의 끝부분을 바늘귀 안으로 넣고 바늘을 원단 아래로 내려 마무리합니다.

21

디태치드 블랭킷 스티치

원단에서 떠 있는 형태의 블랭킷 스티치로 그물망 모양의 예쁜 짜임을 가진 스티치입니다. '원단을 통과하지 않고' 먼저 완성한 스티치에 실을 걸어가며 그물 모양을 만들어갑니다.

❶ 1에서 나와 2로 들어가면서 스트레이트 스티치(56페이지)를 합니다.

❷ 1 아래의 3으로 나옵니다.

※ 이해의 편의를 위해 다른 색상의 실을 사용했습니다.

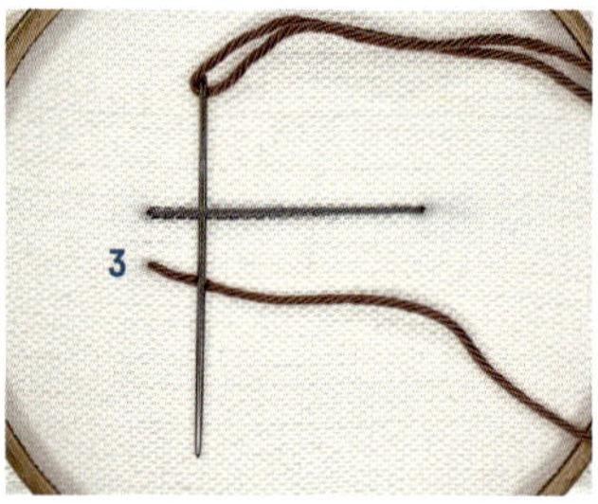

❸ 사진과 같이 스트레이트 스티치 아래로 바늘을 통과시킵니다.

※ 통과한 바늘은 3으로 나온 실 위로 나와야 합니다.

❹ 스트레이트 스티치에 고리가 걸립니다.

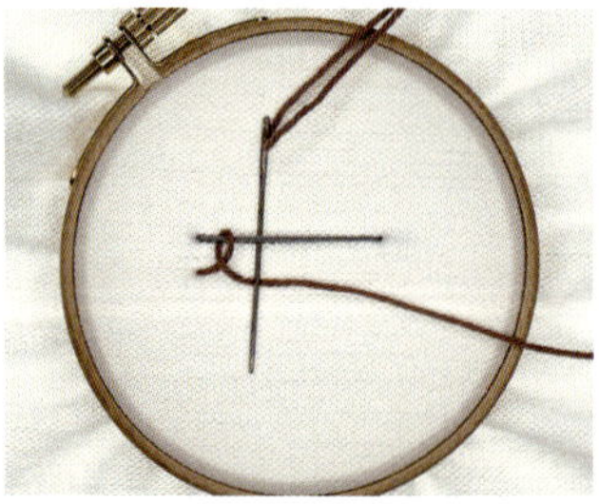

❺ 앞의 과정을 반복해 원하는 만큼의 고리를 만들어 걸어줍니다.

❻ 3과 같은 선상의 4로 들어가 첫째 단을 마무리합니다.

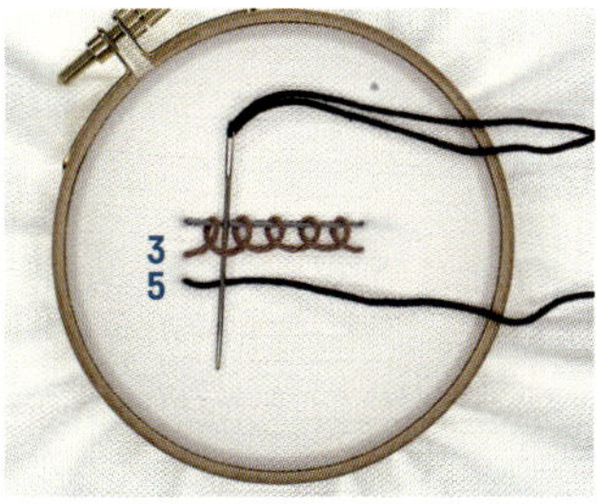

❼ 3 아래의 5로 나와 첫째 단에서 만들어진 고리의 다리 아래로 바늘을 통과시켜 고리를 만들어 걸어줍니다.

※ 통과한 바늘은 5로 나온 실 위로 나와야 합니다.

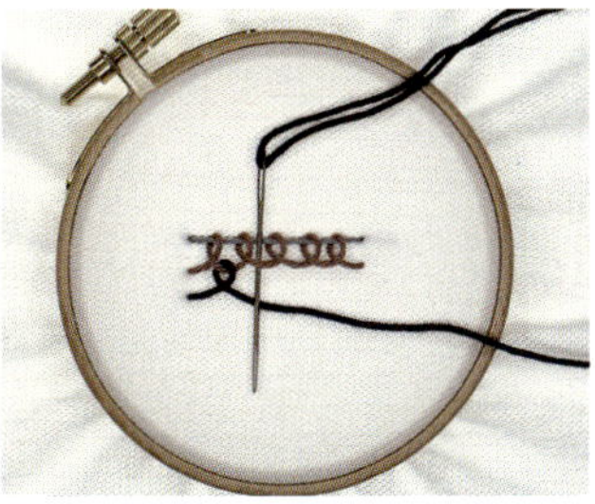

❽ 앞의 과정을 반복해 고리를 만들어 걸어줍니다.

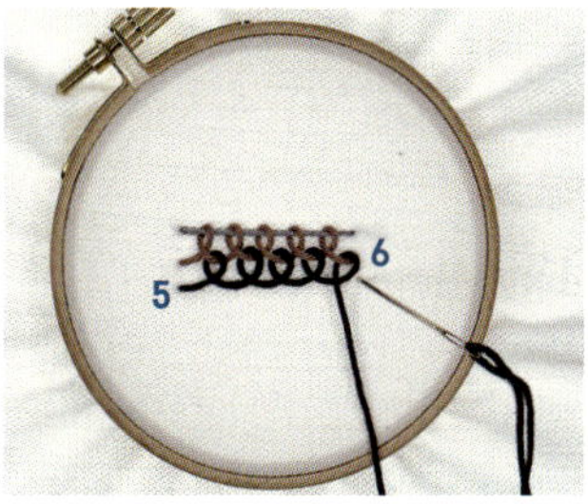

❾ 5와 같은 선상의 6으로 들어가 마무리합니다. 앞의 과정을 반복해 원하는 만큼 아래로 단을 늘려갑니다.

22

디태치드 블랭킷 플라워 스티치

디태치드 블랭킷 스티치를 응용해 풍성한 꽃을 표현하는 스티치입니다. '하나'의 고리에 '하나'의 고리를 걸어주는 디태치드 블랭킷 스티치와는 달리, '하나'의 고리에 '여러 개'의 고리를 동시에 걸어줍니다.

※ 하나의 고리에 동시에 걸어주는 고리의 개수가 많아질수록, 고리의 길이를 길게 잡을수록 꽃의 부피감이 커집니다. 한 번에 걸어주는 고리의 개수는 최대 4개 정도가 적당합니다.

완성된 스티치

❶ 정삼각형 도안에 맞춰 총 3개의 체인 스티치(60페이지)를 합니다.

❷ 체인 스티치 아래로 바늘을 통과시켜 '디태치드 블랭킷 스티치(88페이지)' 고리를 만들어 걸어줍니다.

※ 체인 스티치 = 스트레이트 스티치와 같은 역할

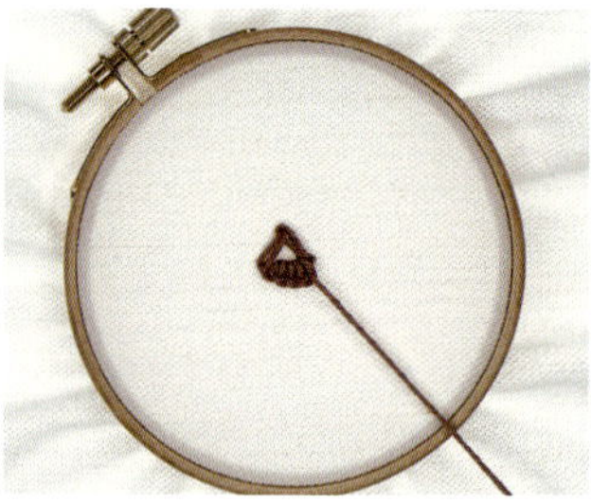

❸ 하나의 체인 스티치마다 4개의 '디태치드 블랭킷 스티치(88페이지)' 고리를 만들어 걸어줍니다.

❹ 총 12개의 고리가 만들어지면 첫 번째 고리에 바늘을 통과시켜 12개의 고리를 둥글게 연결합니다.

※ 이 12개의 고리가 디태치드 블랭킷 플라워 스티치의 '기초 기둥'이 됩니다.

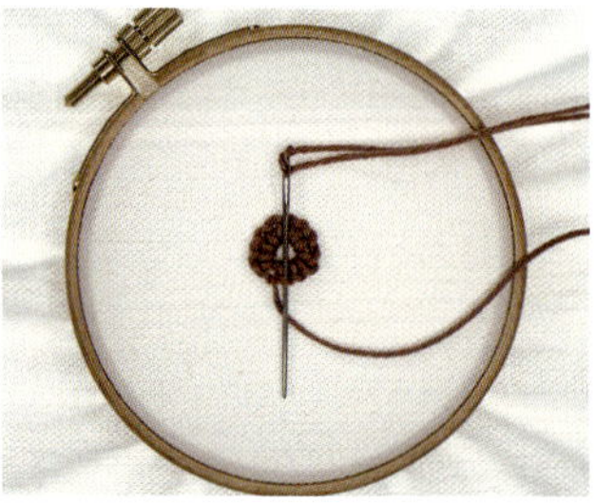

❺ 12개의 기초 기둥의 고리마다 디태치드 블랭킷 고리를 '4개씩' 만들어 걸어줍니다.

※ 걸어주는 고리의 개수는 자유롭게 정할 수 있으며 개수가 많아질수록 꽃의 부피감이 커집니다.

❻ 4개의 고리는 모두 같은 길이로 만듭니다.

※ 고리의 길이는 1㎝ 내외가 무난합니다. 고리의 길이는 자유롭게 정할 수 있으며 길게 잡을수록 꽃의 전체적인 크기가 커집니다.

❼ 왼손 검지 위에 먼저 만든 고리를 올려두고 오른손으로 실을 당겨 새로운 고리의 길이를 맞춥니다.

❽ 12개의 기초 기둥의 모든 고리에 디태치드 블랭킷 고리를 4개씩 만들어 걸어주고, 1단의 첫 번째 고리에 바늘을 통과시켜 모든 고리를 둥글게 연결합니다.

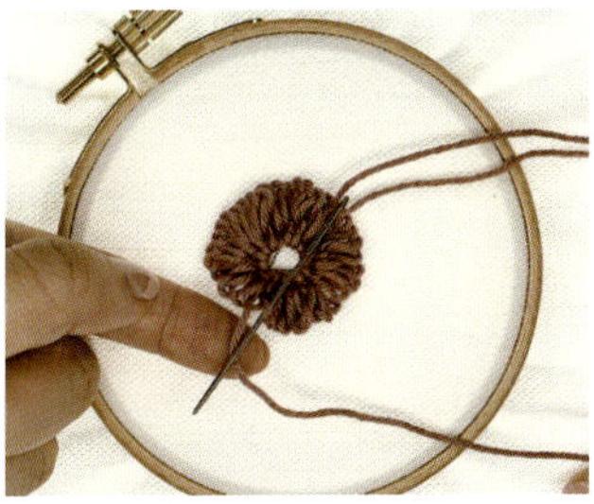

❾ 2단 : 같은 방법으로 1단의 모든 고리에 디태치드 블랭킷 고리를 '4개씩' 만들어 걸어줍니다.

❿ 2단 고리의 길이도 1㎝ 내외가 무난합니다.

※ 사용하는 실의 종류나, 꽃의 크기에 따라 도안에 안내된 고리 길이를 참고합니다.

⓫ 고리의 총 개수가 늘어나면 점차 '면'이 구불거리는 형태의 꽃 모양이 나타납니다.

⓬ 기존의 실을 꽃잎 뒷면의 고리에 2~3회 걸어 아래로 내립니다.

⓭ 삼각형 도안의 안쪽으로 들어가 매듭을 짓습니다.

다음 페이지로

⑭ 새로운 실 : 기존의 실이 들어갔던 곳 가까이에서 나와 꽃잎 뒷면의 고리에 2~3회 걸어 위로 올립니다.

⑮ 기존의 실로 만든 마지막 고리에 바늘을 통과시킵니다.

⑯ 새로운 실로 스티치를 이어갑니다.

⑰ 1단의 고리에 새로운 고리가 모두 걸리면 2단의 첫 번째 고리에 바늘을 통과시켜 모든 고리를 둥글게 연결해 2단을 완성합니다.

⑱ 실을 꽃잎 뒷면의 고리에 2~3회 걸어 아래로 내려 삼각형 도안의 안쪽으로 들어가 매듭을 짓고 마무리합니다.

TIP 도안 읽는 방법

도안에서 스티치의 크기와 부피감을 결정하는 **사용한 실의 종류, 1단의 꽃잎 '길이', 하나의 고리에 걸어주는 '고리의 개수'**. 이 세 가지 항목을 잘 확인합니다. :)

예1) 4번사 □□□번+□□□번/1cm/4개

예2) 울사□□□□번/1cm/3개

예3) 25번사□□□번+□□□번/7mm/4개

23 랩핑 비즈 스티치

나무 구슬에 실을 감싸 만드는 스티치로, 감싸주는 실의 종류에 따라 다른 느낌의 구슬이 완성되고 실의 종류에 따라 비즈를 감싸는 방법에 약간의 차이가 있습니다.

25번사 : 매끄럽고 광택감이 도는 구슬, 4번사 : 4계절에 어울리는 매트한 질감의 구슬, 울사 : 겨울에 어울리는 포근한 느낌의 구슬

지름 10mm의 나무 구슬을 주로 사용합니다.

❶ 지름 10mm 사이즈 나무 구슬과 매듭을 지은 25번사 2가닥을 준비합니다.

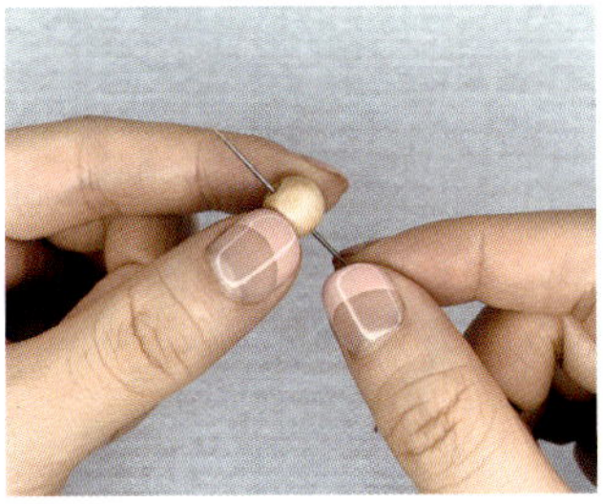

❷ 바늘을 구슬의 아래에서 위로 통과시킵니다.

❸ 아래쪽으로 다시 돌아와 매듭 안쪽의 2가닥 사이로 바늘을 빼냅니다.

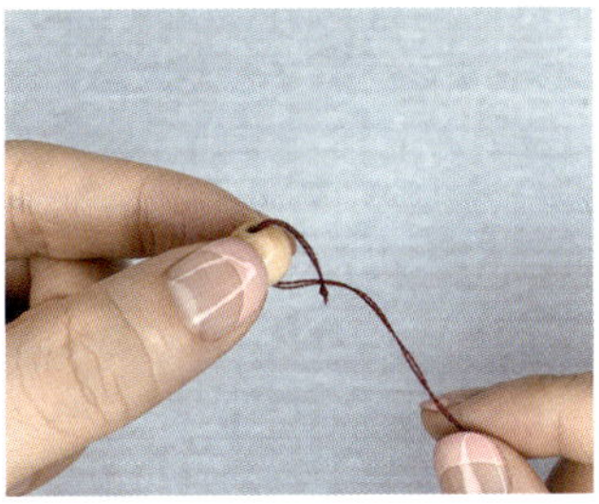

❹ 매듭의 끝을 짧게 잘라 정리하고 오른손으로 실을 당겨 구슬 벽에 밀착시킵니다.

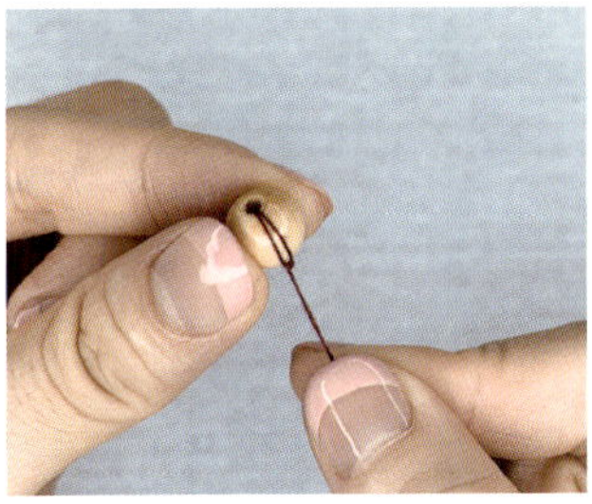

❺ 구슬을 감쌀 때는 실을 팽팽하게 당겨 구슬 벽에서 실이 뜨지 않게 합니다.

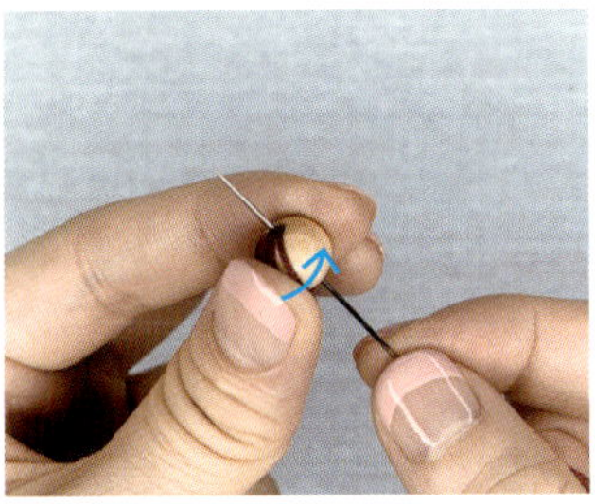

❻ 구슬을 감싼 실을 왼손 엄지로 고정하면서 바늘을 아래에서 위로 통과시켜 한 방향으로 구슬을 빈틈없이 감쌉니다.

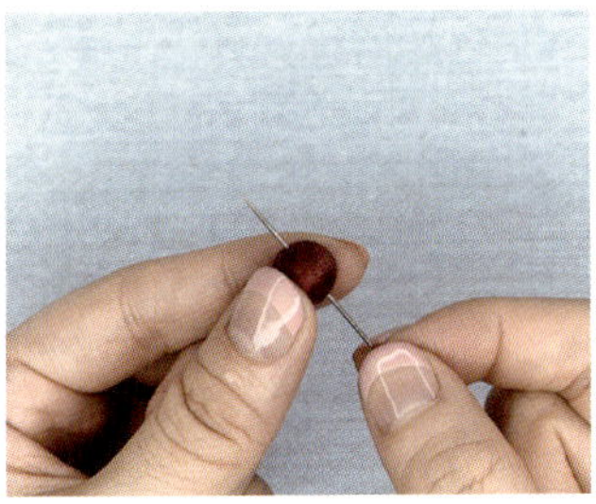

❼ 나무 구슬을 다 감싸면 바늘을 아래에서 위로 통과시켜 마무리합니다.

※ 별도의 매듭이 없어도 풀리지 않습니다.

다음 페이지로

❶ 바늘에 비즈를 끼웁니다.

❷ 바늘을 아래에서 위로 통과시켜 마무리합니다.

지름 13~18mm의 나무 구슬을 주로 사용합니다.

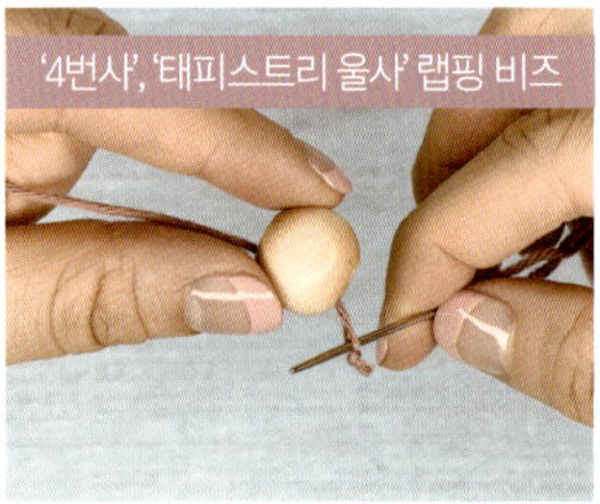

❶ 매듭을 지은 1가닥의 실을 사용하고 아래쪽에서 실을 갈라 바늘을 빼냅니다. 이후의 과정은 '25번사' 랩핑 비즈 스티치 방법과 같습니다.

❷ 구슬 끝에 비즈 장식을 달 때는 비즈와 매듭을 짓지 않은 25번사 2가닥을 바늘에 끼워 준비합니다.

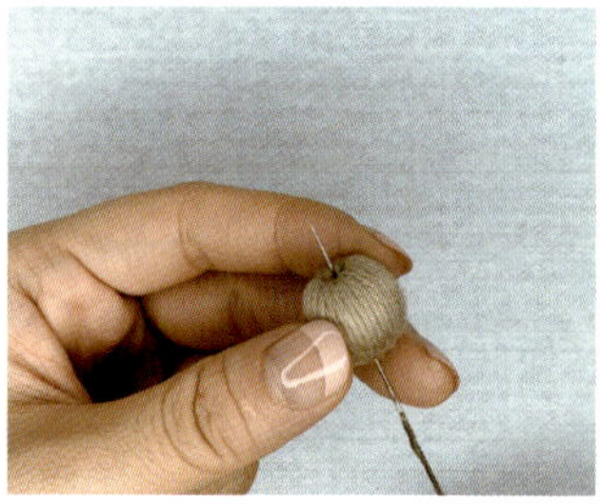

❸ 25번사를 끼운 바늘을 구슬 아래쪽에서 위쪽으로 빼냅니다.

※ 구슬 아래쪽에 실을 15cm정도 남겨둡니다.

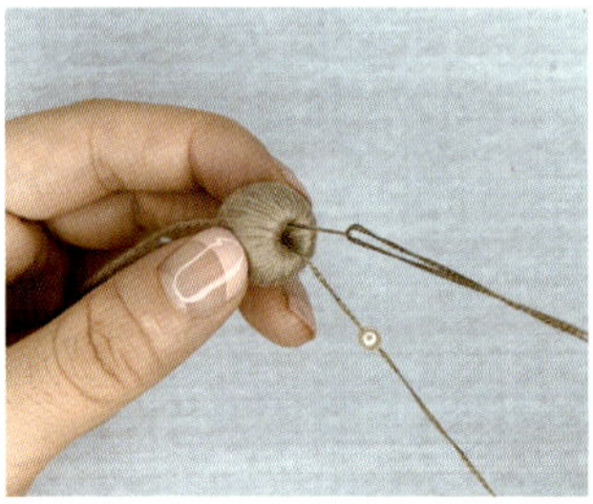

❹ 비즈를 끼우고 바늘을 아래로 통과시켜 마무리합니다.

❶ 열매의 중앙에서 나와 열매의 아랫부분을 전체적으로 1~2바퀴 감습니다.

※ 열매와 같은 색상 실(25번사 2가닥)을 사용합니다.

❷ 실을 당겨 열매의 아랫부분을 단단하게 묶고 중앙으로 들어가 마무리하면 열매들이 흐트러지지 않고 예쁘게 고정됩니다.

24

디태치드 블랭킷 랩핑 비즈 스티치

나무 구슬을 '디태치드 블랭킷 스티치'로 감싸주는 스티치로 뜨개로 감싼 듯한 포근한 느낌의 구슬을 표현할 수 있습니다. 내려가면서 고리의 개수를 늘리거나 줄이지 않고 고리의 개수를 그대로 유지하면서 엮어 구슬과 짜임 사이에 여유 공간을 유지하면서 포근한 느낌으로 구슬을 감싸줍니다.

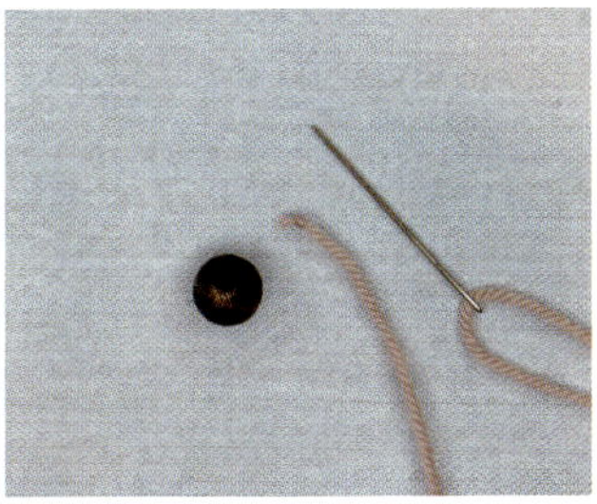

❶ 지름 15mm 사이즈 나무 구슬과 매듭을 지은 태피스트리 울사 1가닥을 준비합니다.

❷ 바늘을 구슬의 아래에서 위로 통과시킵니다.

❸ 아래쪽에서 1가닥의 실을 갈라 바늘을 빼내고 실을 팽팽하게 당깁니다.

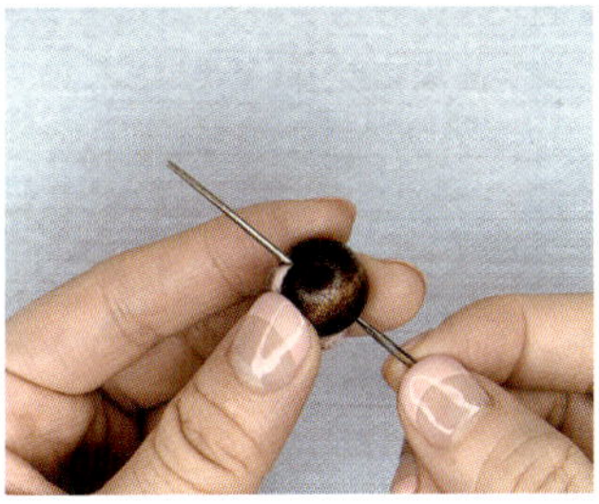

❹ 바늘을 다시 아래에서 위로 통과시키고 맞은편으로 실을 내려 구슬을 감쌉니다.

❺ 위에서 바라봤을 때 양쪽으로 마주 보는 두 개의 선이 생깁니다.

❻ 바늘을 다시 구슬의 아래에서 위로 통과시킵니다.

❼ 위로 나온 실을 앞에서 만들어둔 2개의 선 중 하나의 아래로 통과시킵니다.

다음 페이지로

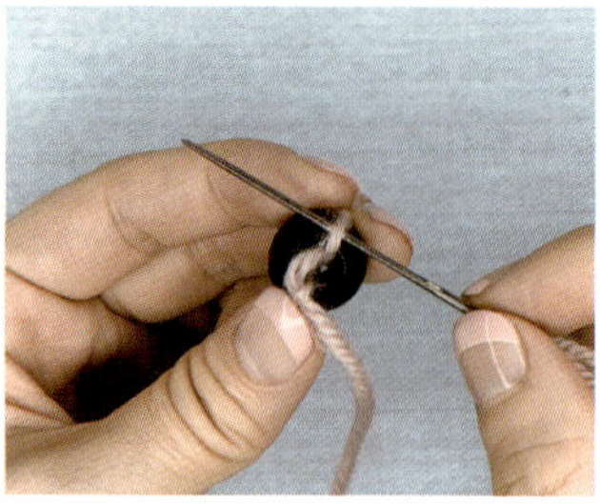

❽ 다른 선 아래로 다시 한 번 통과시킵니다.

❾ 원형의 고리가 하나 생깁니다.

❿ 같은 방법으로 한 바퀴 더 감아 두 겹의 원형 고리를 만듭니다.

⓫ 두 겹의 원형 고리에 총 8개의 '디태치드 블랭킷 스티치(88페이지)' 고리를 만들어 걸어줍니다.

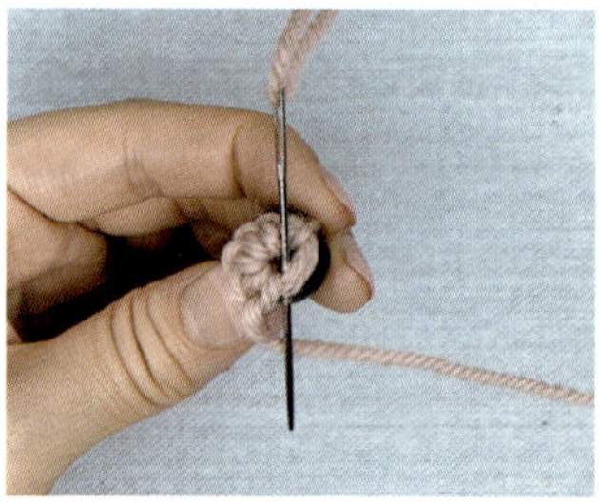

⓬ 한쪽에 4개의 고리를 만들어 걸어주고, 반대쪽에도 같은 방법으로 고리를 4개 걸어줍니다.

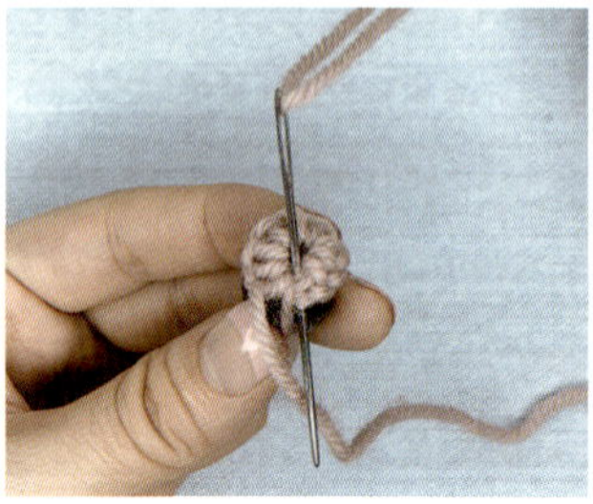

⓭ 총 8개의 고리를 걸어준 뒤 바늘을 반대쪽으로 보내 첫 번째 고리 '위'로 겹쳐서 고리를 하나 더 만들어 걸어줍니다.

※ 첫 번째 고리는 부피감이 적기 때문에 하나의 고리를 위로 겹쳐서 만들어 구슬의 머리 부분을 도톰하고 균일하게 만듭니다.

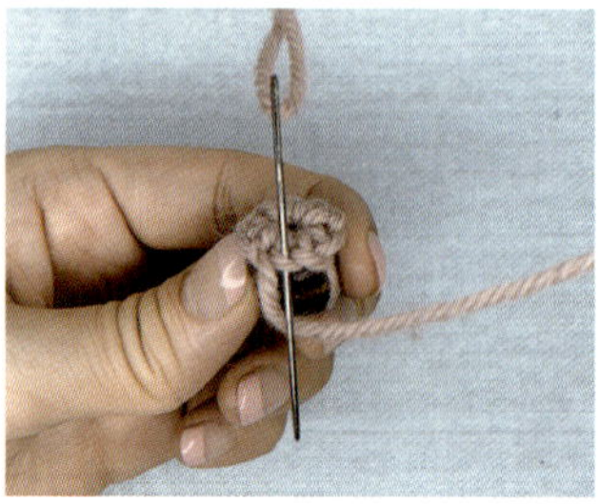

⓮ 하나의 고리에 '디태치드 블랭킷 스티치' 고리를 하나씩 만들어 걸어주면서 구슬을 감쌉니다.

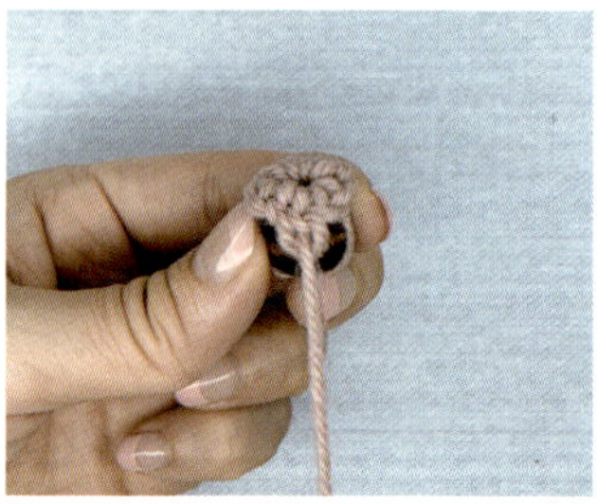

⓯ 실은 가볍게 당겨 고리의 모양이 너무 작아지지 않게 합니다.

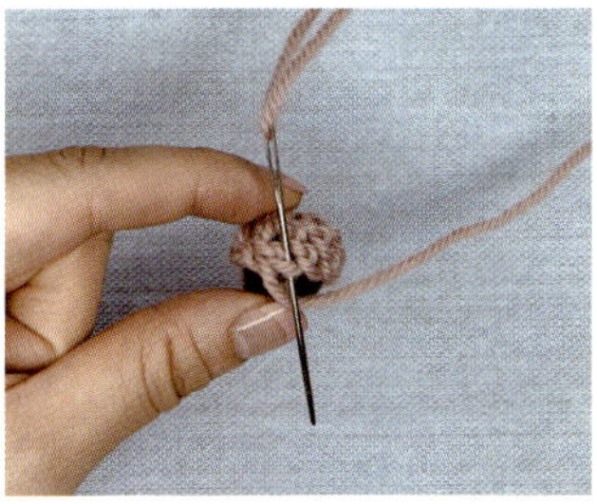

⑯ 1단 완성 후 같은 방법으로 구슬의 바닥까지 구슬을 감싸 내려갑니다.

※ 고리의 개수는 늘리거나 줄이지 않습니다.

⑰ 구슬을 바닥까지 감싼 뒤 마지막 단의 꼬임을 하나씩 건너뛰면서 홈질합니다.

⑱ 한 바퀴를 둘러 홈질 후 실을 당겨 구슬 끝을 닫아 마무리합니다.

25

도토리 입체 자수

랩핑 비즈 스티치, 디태치드 블랭킷 랩핑 비즈 스티치, 드리즐 스티치. 세 가지 기법을 함께 사용해 도토리 입체 자수를 해봅니다.

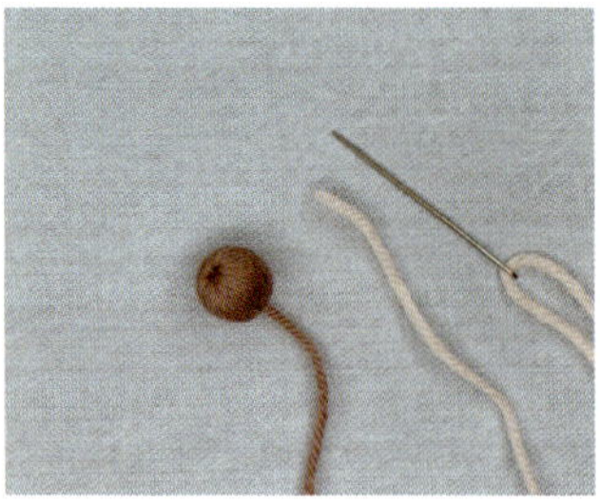

❶ 태피스트리 울사로 랩핑한(93페이지) 비즈(지름 15mm) 1개, 매듭을 짓지 않은 태피스트리 울사 1가닥을 바늘에 끼워 준비합니다.

❷ 비즈의 반 높이에서 랩핑한 실 2가닥 아래로 바늘을 통과시킵니다.

❸ 매듭은 짓지 않고 2~3cm 여유를 남겨두고 실을 걸어줍니다.

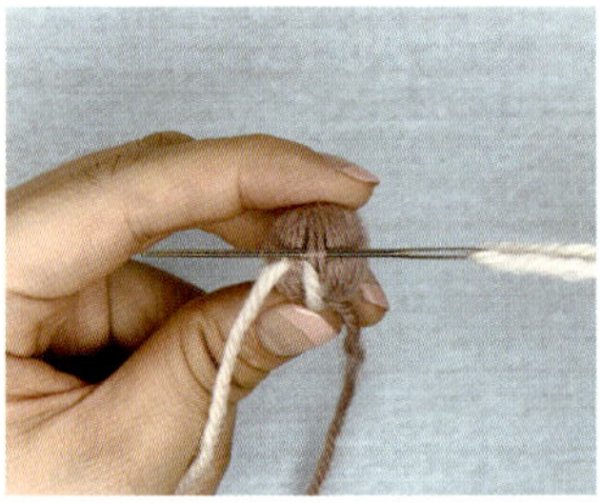

❹ 여유분의 실을 아래로 내려 두고, 랩핑한 실을 2~3가닥씩 걸어주면서 빙 둘러 아웃라인 스티치(57페이지)를 합니다.

❺ 빙 둘러 아웃라인 스티치를 하고, 아웃라인 스티치의 결 아래로 바늘을 통과시켜 디태치드 블랭킷 스티치(88페이지)를 합니다.

❻ 1단 : ●●●●●●●●●

아웃라인 스티치의 모든 결(고리)에 디태치드 블랭킷 스티치 고리를 만들어 걸어줍니다.

⑦ 2단 : ●●○●●○●●○

두 개의 고리를 걸어주고 하나의 고리를 건너뜁니다.

※ 1단보다 고리의 총 개수가 줄어듭니다.

⑧ 2단 완성 후 아래로 내려 두었던 실의 튀어나온 부분을 잘라냅니다.

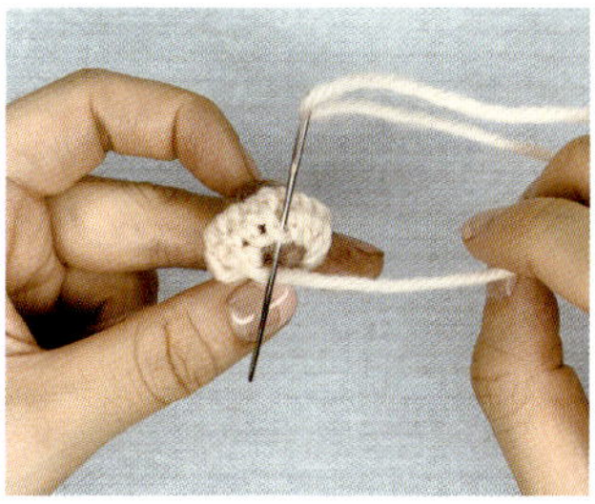

⑨ 3단 : ●○●○●○●○●

한 개의 고리를 걸어주고 하나의 고리를 건너뜁니다.

※ 2단보다 고리의 총 개수가 줄어듭니다.

⑩ 3단까지 완성 후 바늘을 아래에서 위로 통과시켜 실을 구슬 위로 빼냅니다.

⑪ 바늘을 실에서 분리한 뒤 중앙에 꽂아 5개의 고리를 걸어 드리즐 스티치(87페이지)를 합니다.

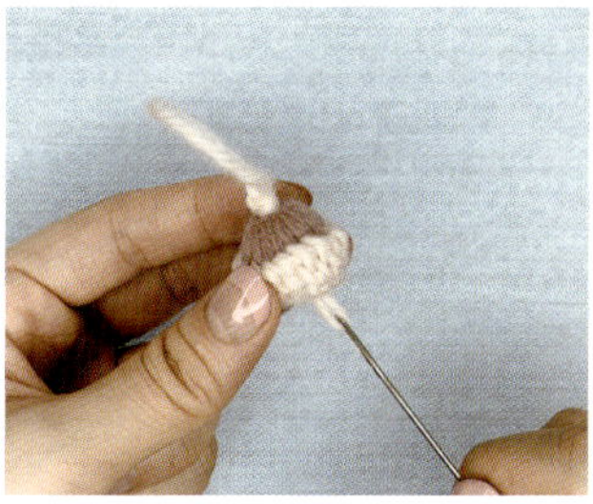

⑫ 드리즐 스티치 완성 후 바늘을 아래로 내려 마무리합니다.

26

와이어를 사용하는 입체 자수

와이어를 사용하는 입체 자수로 도안에서 떠 있는 형태의 스티치입니다. 와이어를 구부려 원하는 모양으로 스티치를 만들 수 있습니다.

1단계. 프리 스티치로 도안을 채워주고,
2단계. 카우칭 스티치로 와이어를 고정한 뒤,
3단계. 스캘럽 블랭킷 스티치로 와이어를 감싸 완성합니다.

연필로 스케치하듯이 스티치의 결에 따라 자유롭게 스트레이트 스티치를 수놓아 면을 채웁니다.

❶ 자수용 수성펜으로 스티치의 결을 살려 가이드 선을 그리고, 도안 안쪽의 한 점에서 나와 가이드 선에 맞춰 스트레이트 스티치를 합니다.

※ 25번사 2가닥 사용

❷ 와이어 입체 자수에서 모든 매듭은 반드시 도안의 안쪽에 둡니다. 가장자리에 매듭을 지을 경우, 자수를 오려냈을 때 매듭이 튀어나와 깔끔하지 않습니다.

❸ 가이드 선에 맞춰 스트레이트 스티치를 수놓아 전체적으로 스티치 결의 방향을 잡습니다.

❹ 주변의 스티치와 길이가 다른 스트레이트 스티치를 수놓아 스티치 사이의 빈 곳을 채웁니다.

※ '프리' 스티치라는 이름처럼 주변 스티치와 ½ ~ ⅓정도 겹치는 곳에서 자유롭게 나와 가이드 선의 결을 따라 스트레이트 스티치를 합니다.

❺ 외곽 부분이 다 채워지면 같은 방법으로 안쪽으로 스트레이트 스티치를 수놓아 면을 채웁니다.

❻ 프리 스티치로 면을 모두 채우고 도안의 뒷면에서 매듭을 지어 마무리합니다.

❼ 매듭을 짓고 남은 실은 뒷면에 몇 번 걸어주고 남은 실은 바짝 잘라 길게 남는 실이 없게 합니다. 도안의 반쪽도 같은 방법으로 채웁니다.

❽ 길고 짧은 스트레이트 스티치를 수놓아 잎맥을 표현하고 중심에 아웃라인 스티치를 수놓아 마무리합니다.

※ 25번사 1가닥 사용

'아주 작은 스트레이트 스티치'를 사용해 실이나 와이어 등을 도안에 고정하는 기법으로 여기에서는 와이어를 도안에 고정하는 역할을 합니다.

❶ 와이어를 도안 위에 올려두고 와이어 안쪽 1에서 나와 와이어 바깥쪽 2로 들어가면서 와이어를 도안의 모양에 맞춰 고정합니다.

※ 25번사 2가닥 사용

❷ 같은 방법으로 5~10mm 간격으로 와이어를 도안에 고정합니다.

다음 페이지로

3단계. 스캘럽 블랭킷 스티치

블랭킷 스티치를 촘촘하게 붙여 수놓는 스티치로 자수에서 테두리의 올이 풀리지 않게 마무리하는 용도로 많이 사용합니다.

※ 와이어 입체 자수에서는 와이어를 감싸가면서 스캘럽 블랭킷 스티치를 합니다.

❶ 와이어 안쪽의 1에서 나옵니다.

❷ 1 바로 옆의 2로 들어갑니다.

❸ 와이어 바깥쪽의 3으로 나옵니다.

※ 와이어를 감쌀 때 바늘을 와이어에 최대한 가깝게 붙여 진행할수록 테두리가 얇고 일정한 모양으로 예쁘게 나옵니다.

❹ 3에서 나온 실을 바깥쪽으로 가볍게 당겨 와이어를 감쌉니다.

❺ 2 바로 옆의 4로 들어갑니다.

❻ 와이어 바깥쪽의 5로 나오면서 실을 가볍게 당겨 와이어를 감쌉니다.

❼ 앞의 과정을 반복해 와이어를 전체적으로 감쌉니다.

❽ 블랭킷 고리 바깥쪽의 한 점으로 들어갑니다.

❾ 실을 뒷면에 걸어 도안의 안쪽에서 매듭을 짓고 남은 실은 짧게 자릅니다.

❿ 새로 시작하는 실: 매듭을 짓고 도안 안쪽의 한 점에서 나와 가까운 한 점으로 점을 찍듯이 다시 들어갑니다.

※ 매듭을 도안의 안쪽에 두고 시작하는 방법입니다.

⓫ 와이어 안쪽의 1'로 나와 같은 방법으로 스티치를 이어갑니다.

⓬ 와이어를 다 감싸면 와이어 바깥쪽의 한 점으로 들어가 마무리합니다.

※ 실을 뒷면에 걸어 도안의 안쪽에서 매듭을 짓고 남은 실은 짧게 자릅니다.

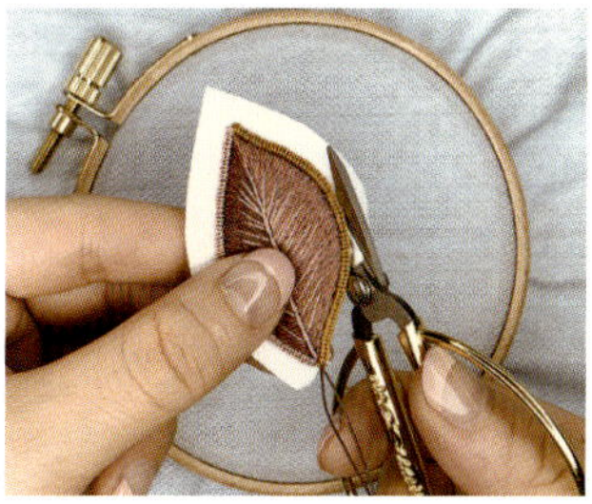

⓭ 스티치 테두리가 잘리지 않도록 유의하면서 테두리에 가위 날을 '사선'으로 붙여 오려냅니다.

※ 오려낸 꽃잎의 가장자리 뒷면에 투명 수예용 본드를 발라주면 더욱 깔끔하게 마무리됩니다.

⓮ 와이어를 도안에 꽂습니다.

다음 페이지로

⑮ 와이어를 구부려 원하는 모양을 잡고 1에서 나와 2로 들어가는 방법으로 몇 군데 고정하면 세탁 후에도 스티치가 원하는 모양과 각도로 고정됩니다.

※ 테두리와 같은 색 25번사 2가닥. 이해의 편의를 위해 다른 색상의 실을 사용했습니다.

⑯ 뒤에 나와 있는 2가닥의 와이어는 꼬아서 뒤로 접습니다.

입체 와이어 자수가 들어간 작품에서 평면 와이어 자수를 함께 수놓으면 자수를 한층 더 깊이감 있게 표현할 수 있습니다.

❶ 나란하게 잎이 붙어있는 모양의 도안은 하나의 잎을 먼저 프리 스티치로 채웁니다. 1에서 나와 다시 1로 들어가면서 와이어를 도안에 꽂아 고정합니다.

❷ 스캘럽 블랭킷 스티치로 와이어를 감쌉니다.

※ 스캘럽 블랭킷 스티치의 두께로 인해 겹쳐진 모양의 잎이 됩니다.

❸ 나머지 잎을 프리 스티치로 채우고 와이어를 2에서 나와 3에서 들어가면서 도안에 꽂아 테두리를 감쌉니다.

❹ 수를 다 놓은 뒤 뒷면의 와이어는 가위로 바짝 잘라 마무리합니다.

TIP 도안 보는 방법

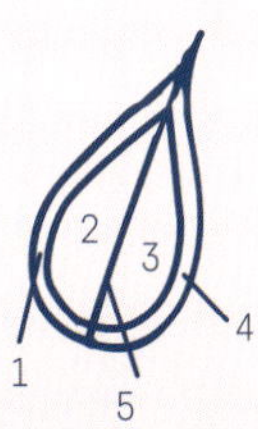

도안에서 주어진 5~6가지의 색 중에서 한 잎당 2~3가지 색을 자유롭게 선택해서 1-5번에 수놓습니다.

예) 1, 2, 3 = 같은 색, 4 = 다른 색
1, 2 = 같은 색, 3, 4 = 같은 색

미리 골라둔 비슷한 톤의 실들 중에서 색을 배합하는 과정으로, 어떤 색을 배합하더라도 예쁘게 완성됩니다.

27

포인세티아 입체 자수

와이어를 사용하는 입체 자수로 포인세티아 꽃 입체 자수를 해봅니다.

❶ 꽃잎 작은 사이즈 3개, 큰 사이즈 5개, 잎사귀 1개를 '와이어를 사용한 입체 자수(100페이지)'로 수놓아 준비합니다.

❷ 작은 꽃잎 3장을 가지런히 모아 잡습니다.

❸ 작은 꽃잎을 감싸는 형태로 큰 꽃잎 5장을 배치해 함께 잡습니다.

❹ 꽃잎 밑둥의 와이어를 가지런하게 모아 와이어 전체를 하나로 단단하게 꼬아줍니다.

❺ 잎사귀를 원하는 위치에 배치하고 꽃 밑둥의 와이어에 감아 합칩니다.

❻ 꽃잎과 잎사귀 테두리의 와이어를 구부려 꽃 모양을 예쁘게 만듭니다.

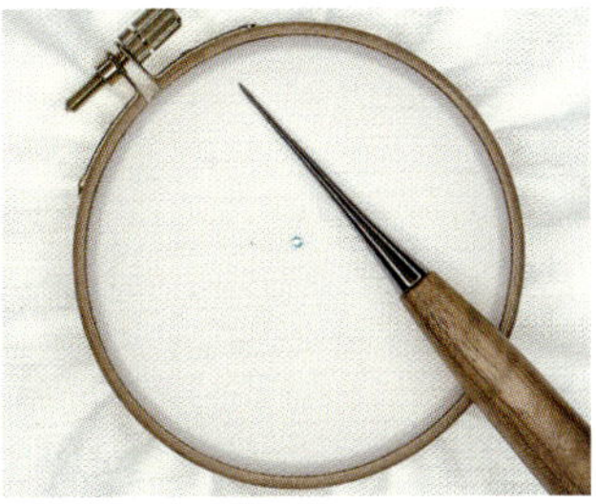

❼ 굵은 와이어가 통과할 수 있는 구멍을 송곳으로 뚫습니다.

❽ 와이어를 구멍에 꽂습니다.

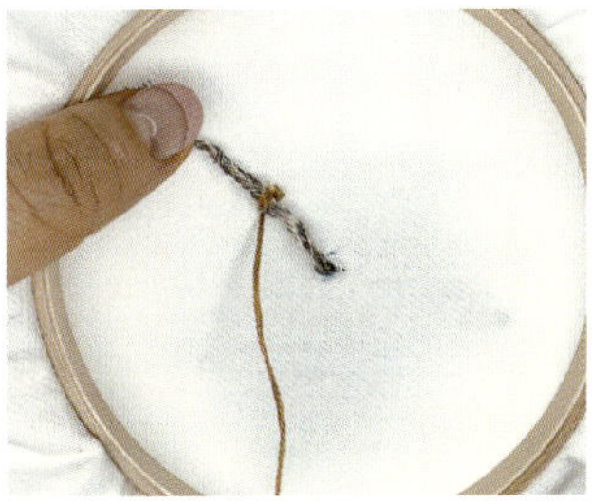

❾ 꽃의 위치를 잡은 뒤 아래에 남은 와이어는 구부려 원단에 고정합니다.

※ 25번사 3가닥, 원단과 같은 색상 실 사용

❿ 와이어를 고정하는 실은 이해의 편의를 돕기 위해 다른 색상의 실을 사용했습니다.

28

레이지데이지 팝콘 스티치

여러 개의 레이지데이지 스티치 고리를 하나로 묶어 표현하는 입체 스티치로 고리의 개수와 길이를 조절하여 다양하게 표현할 수 있습니다.

❶ 1에서 나와 다시 1로 들어갑니다.

❷ 2로 나옵니다.

❸ 2로 나오면서 실을 가볍게 당겨 고리의 크기를 줄입니다.

❹ 고리 안으로 바늘을 통과시킵니다.

※ 통과한 바늘은 2에서 나온 실 위로 나와야 합니다.

❺ 실을 가볍게 당겨 원하는 길이로 고리를 만듭니다.

❻ 앞의 과정을 반복해 여러 개의 고리를 만들어 걸어줍니다.

❼ 마지막 고리 안으로 바늘을 넣습니다.

❽ 모든 고리 안으로 바늘을 차례로 통과시킵니다.

❾ 실로 바늘을 '반시계방향'으로 한 바퀴 감습니다.

❿ 바늘을 빼내면 여러 개의 고리가 하나로 묶입니다.

⓫ 스티치 뒷면으로 바늘을 찔러 넣고 1로 들어가 원단에서 떠 있는 형태의 입체 스티치를 완성합니다.

⓬ 스티치 주변을 홈질하고 오려낸 뒤 실을 당겨 반구 형태로 만듭니다.

※ 프렌치넛 볼 스티치(67페이지) 참고

⓭ 볼 형태의 입체 스티치로 다양하게 활용합니다.

4

소품 만드는 방법

01

브로치 판을 다양하게 활용하는 방법

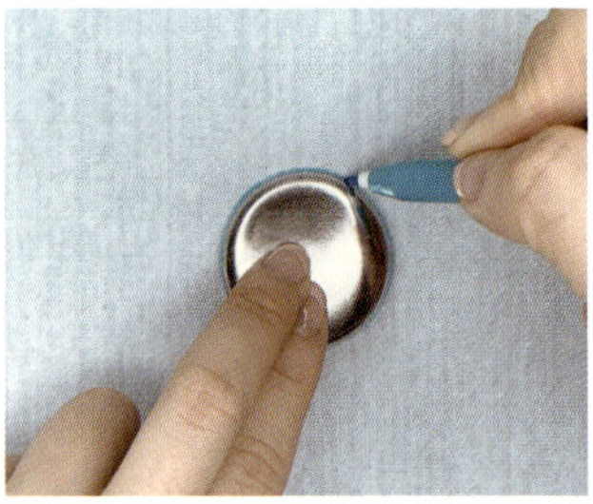

❶ 브로치 판을 따라 외곽선을 그리고 외곽선 안에 수를 놓습니다.

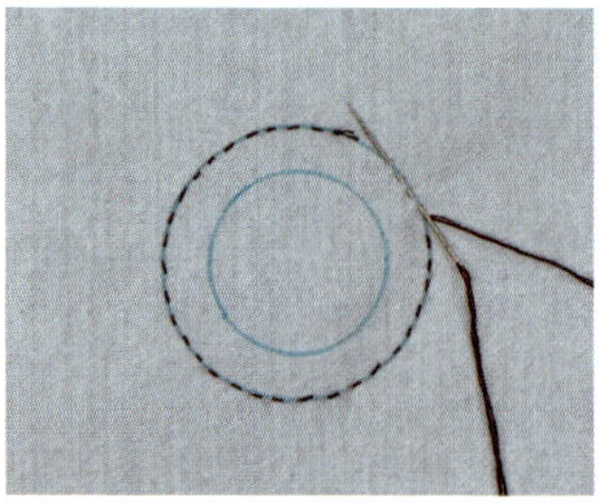

❷ 외곽선에서 1㎝ 정도의 간격을 띄우고 홈질합니다.

※ 넉넉한 길이의 25번사 3가닥 사용

❸ 홈질이 풀리지 않을 정도의 여유를 남겨두고 오려낸 뒤 브로치 판을 안쪽 면 중심에 올려둡니다.

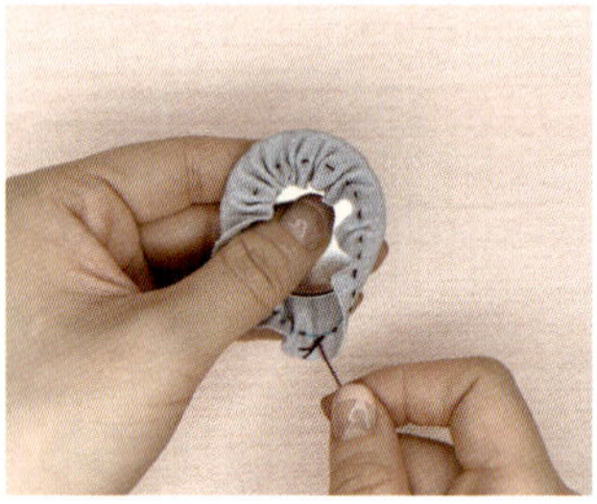

❹ 원단과 브로치 판의 중심을 잡고, 실을 당겨 브로치 판을 감쌉니다.

❺ 방사형으로 돌아가면서 천의 뒷면에 실을 걸어 당겨주면 브로치 주변이 더욱 매끄럽게 마감됩니다.

❻ 앞면이 충분히 팽팽해지면 매듭을 짓고 남은 실을 짧게 자릅니다.

❼ 뒷면에 접착제를 발라 소품에 직접 부착하거나 자석, 핀브로치, 뱃지 등을 붙여 다양하게 활용합니다.

❽ 접착제로 뒷면에 핀브로치 캡을 부착합니다.

❾ 뒷면에 펠트지를 붙이고 그 위에 자석, 뱃지 캡 등을 부착합니다.

⑩ 1에서 2로 찔러넣어 핀대를 꽂습니다.

⑪ 뒷면에 펠트지 또는 핀브로치 캡을 붙여 부토니에(핀브로치 겸 부토니에)로 사용합니다.

02

핀쿠션 만드는 방법

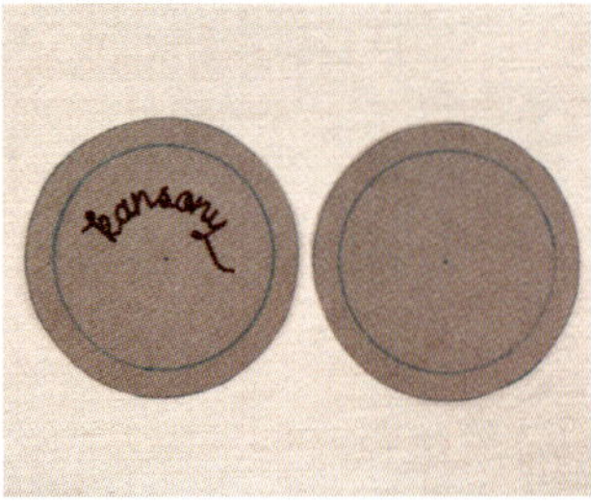

❶ 핀쿠션의 윗면, 아랫면을 주변에 여유분 1㎝를 남겨두고 오려냅니다.

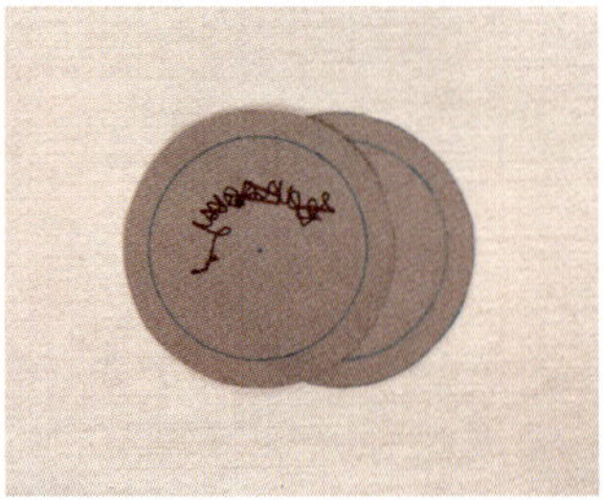

❷ 윗면과 아랫면을 각각 겉면이 마주 보게 겹칩니다.

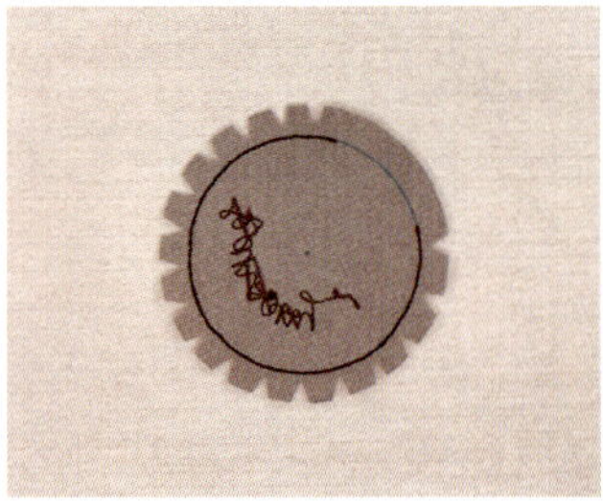

❸ 창구멍을 제외한 부분을 박음질하고, 주변을 빙 둘러 가위집을 냅니다.

※ 가위집을 내주면 뒤집었을 때 핀쿠션의 동그란 모양이 예쁘게 나옵니다.

❹ 창구멍을 통해 뒤집어 주고 핀쿠션에 방울솜을 가득 채웁니다.

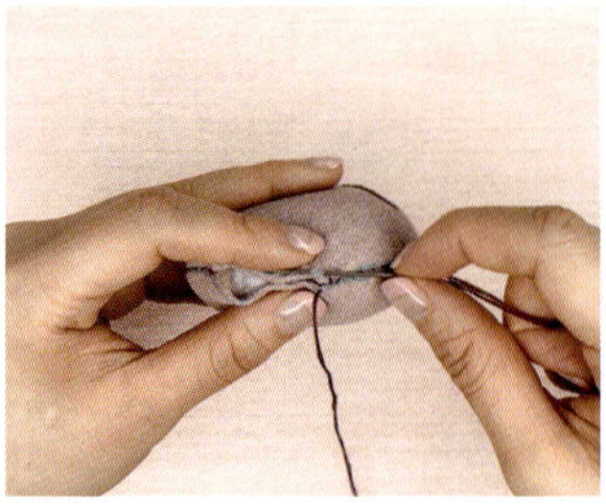

❺ 창구멍을 공그르기로 막습니다.

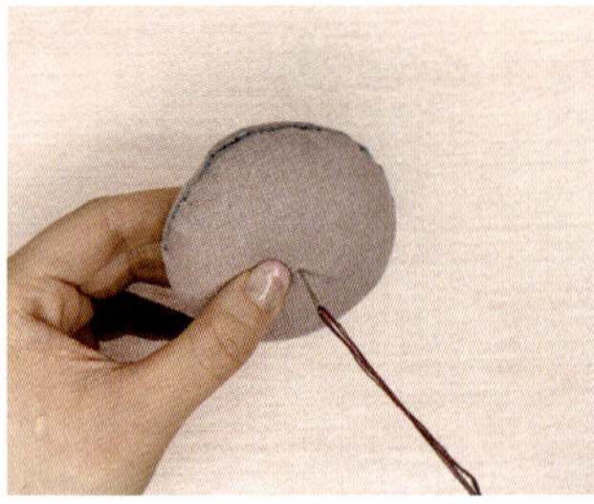

❻ 아랫면의 중심에서 윗면의 중심으로 매듭을 지은 실을 올립니다.

※ 25번사 4가닥 사용

❼ 위로 나온 실에 비즈를 끼우고 다시 아래의 중심으로 실을 내립니다.

❽ 아래로 나온 실을 매듭 안쪽의 4가닥 사이로 빼냅니다.

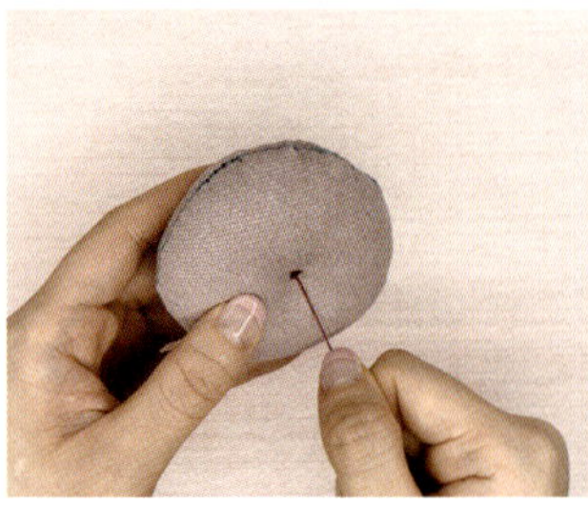

❾ 실을 당겨 아래위의 중심에 배꼽을 만듭니다.

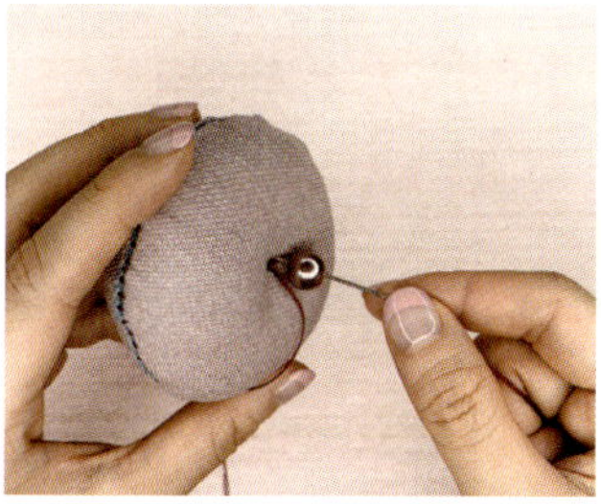

⑩ 아래로 나온 실에 비즈를 끼우고 다시 위의 중심으로 실을 올립니다.

⑪ 아래위의 비즈 구멍을 2번 정도 통과하면서 실을 당겨 배꼽을 예쁘게 만듭니다.

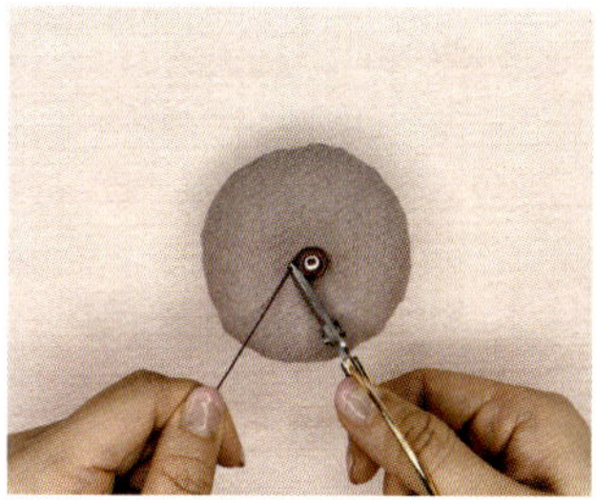

⑫ 실을 아래로 내려 매듭을 짓고 남은 실을 짧게 자릅니다.

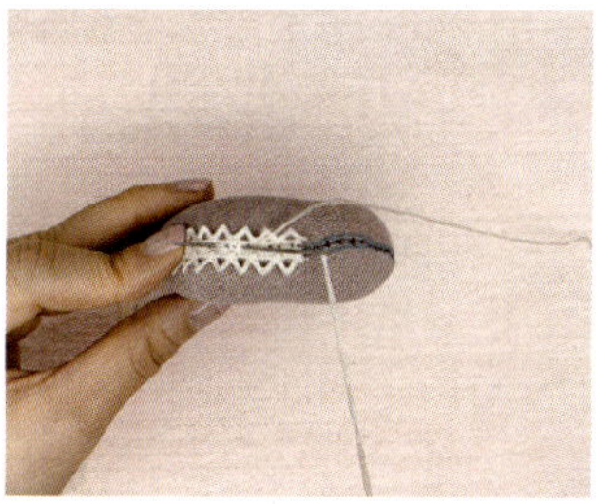

⑬ 옆면에 홈질로 레이스를 달아 박음질 선을 가립니다.

⑭ 완성!

03

원피스 꽃 벨트 만드는 방법

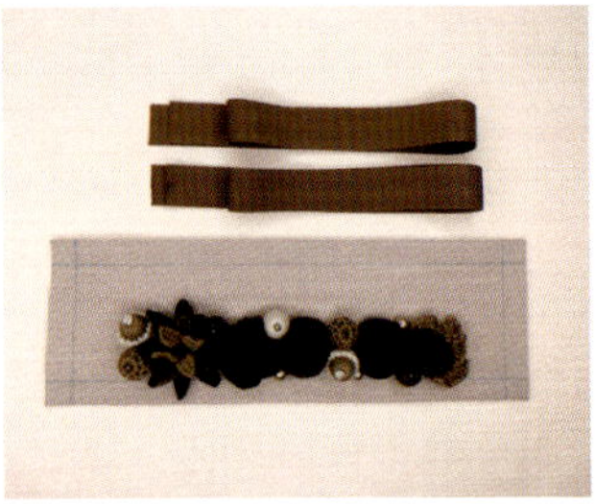

❶ 폭 2.5cm, 길이 70cm 끈 2개, 시접선(사방 1.5cm)을 표시한 벨트 앞면을 준비합니다.

❷ 세로 시접 분을 접어 다립니다.

❸ 가로 시접 분을 접어 다립니다.

❹ 가로로 반을 접습니다.

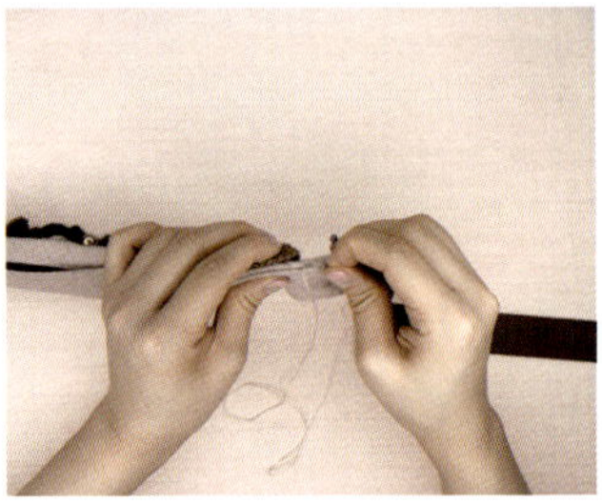

❺ 아랫부분을 공그르기로 막습니다.

❻ 반으로 접은 공간 사이로 끈을 끼우고 점선으로 표시된 부분을 박음질해 끈을 연결합니다.

※ 리본과 같은 색 25번사 3가닥, 원단과 같은 색상 실 사용

❼ 완성!

04

이니셜 키링 만드는 방법

❶ 폭 3cm 키링 고리와 폭 3cm 웨빙끈을 준비합니다.

❷ 웨빙끈의 위에서 4cm되는 지점에 구슬을 달아줄 위치를 표시합니다.

❸ 구슬을 웨빙끈에 달아줍니다.

❹ 매듭을 짓고 남은 실은 짧게 자릅니다.

❺ 구슬에 최대한 가깝게 키링 고리를 끼웁니다.

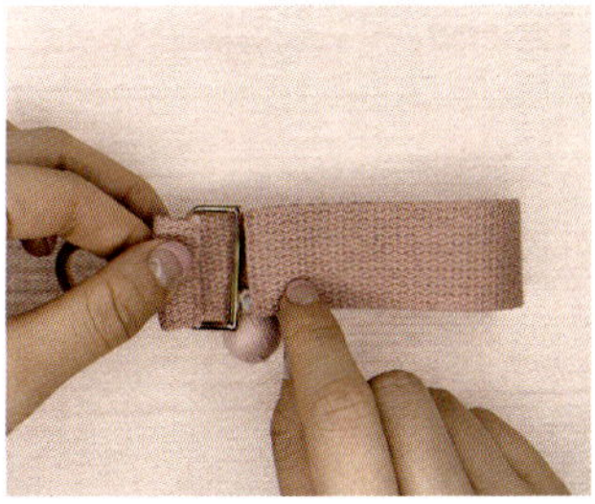

❻ 뒤집어서 끈 뒷면의 윗부분을 2cm 접고, 끈의 아랫부분은 키링 아래까지 반으로 접습니다.

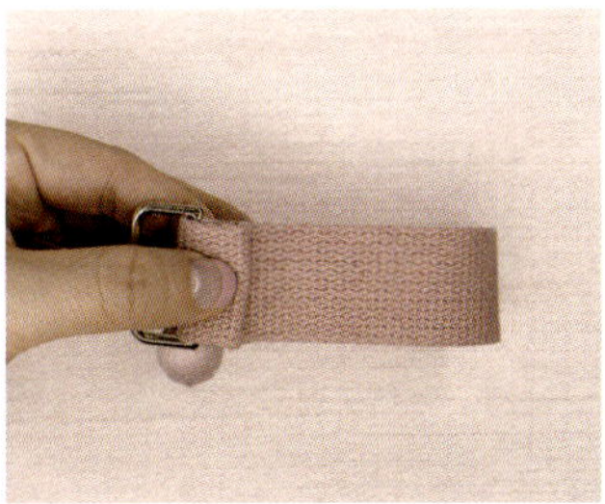

❼ 윗부분을 한 번 더 접어 아래 끈을 덮어줍니다.

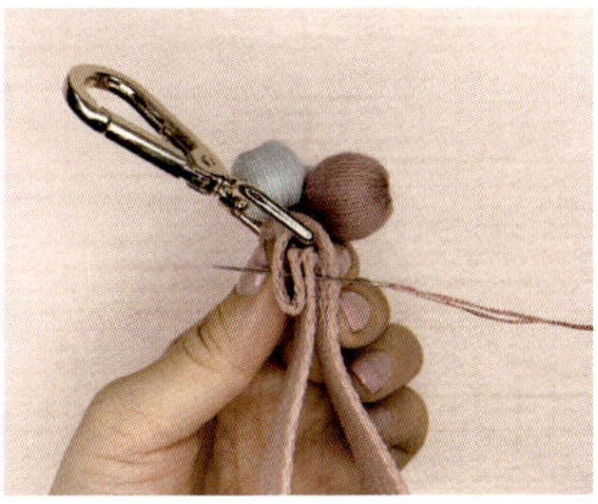

❽ 웨빙끈의 외곽 부분을 5~6번 묶어줍니다.

※ 25번사 2가닥 사용

→ 다음 페이지로

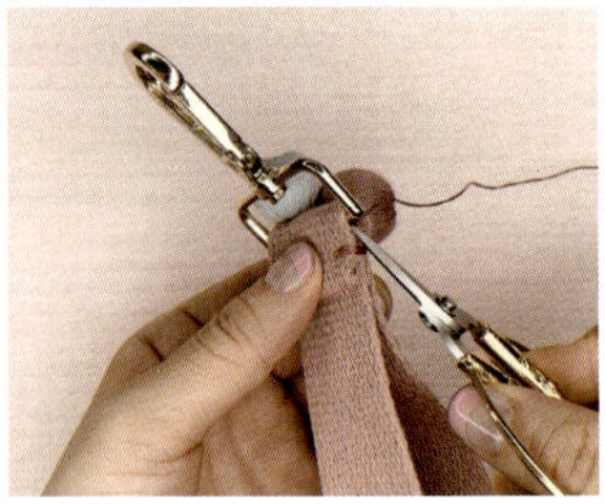

❾ 매듭을 짓고 바늘은 묶어준 실 아래로 통과시켜 키링 안쪽으로 빼냅니다.

❿ 남은 실을 짧게 자르고 반대쪽도 같은 방법으로 묶어줍니다.

⓫ 접착제로 이니셜 브로치 판을 웨빙 끈에 붙여 완성합니다.

05 리본 만드는 방법

❶ 폭 2.5cm 리본 끈을 50cm, 5cm 길이로 잘라 준비합니다.

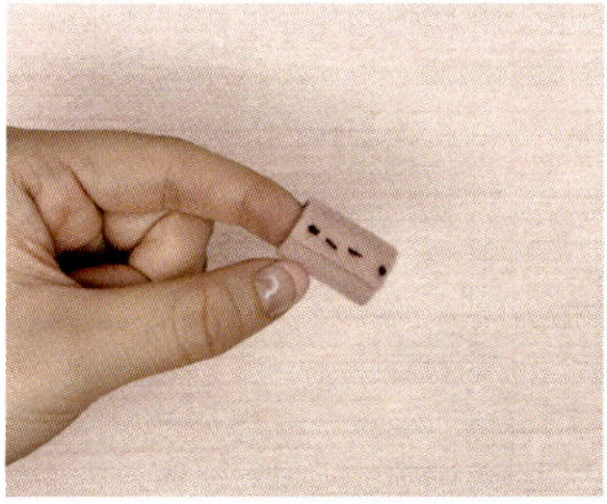

❷ 5cm 길이 리본을 둥글게 말아 홈질합니다.

※ 25번사 3가닥, 이해의 편의를 위하여 다른 색상의 실을 사용했습니다.

❸ 50cm 길이 리본의 왼쪽 끝을 사선으로 접습니다.

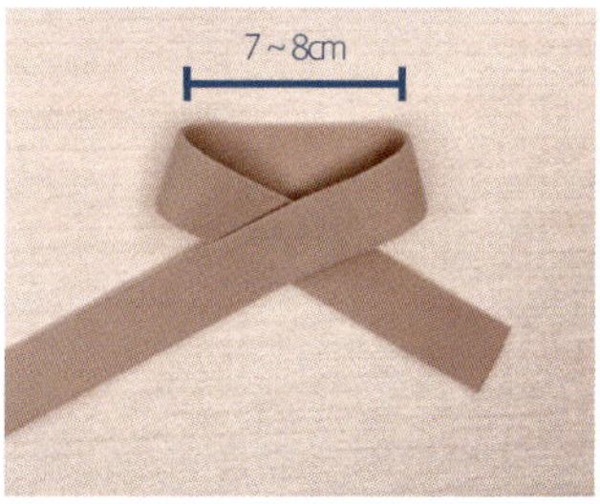

❹ 오른쪽 끝이 왼쪽 리본 위에 오도록 사선으로 접습니다.

※ 리본의 가로 길이 : 7~8cm

❺ 리본의 중심을 모아서 잡습니다.

❻ 오른쪽 리본 끝을 접어 뒤로 넘깁니다.

❼ 오른쪽 리본 끝을 접어 앞으로 내립니다.

❽ 미리 만들어둔 중심을 리본의 중앙에 고정합니다.

※ 25번사 3가닥, 이해의 편의를 위하여 다른 색상의 실을 사용했습니다.

다음 페이지로

❾ 실을 중심에서 아래위로 번갈아 통과시키면서 당겨 리본의 모양을 볼록하게 만듭니다.

❿ 매듭을 짓고 남은 실로 리본을 도안에 고정합니다.

⓫ 완성!

06

카네이션 부토니에 리본 장식 만드는 방법

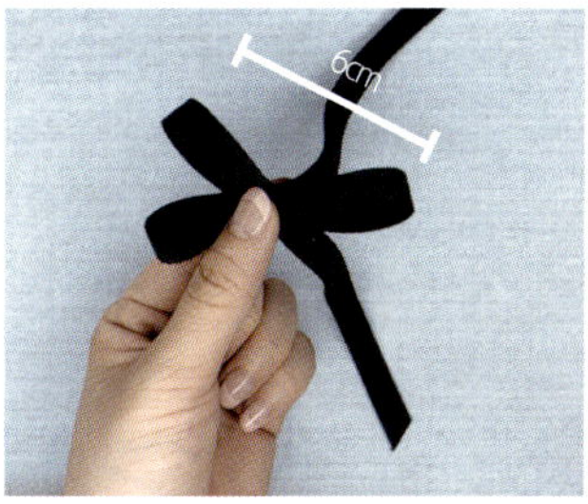

❶ 폭 1cm, 길이 60cm 리본 끈을 사용해 리본 만드는 방법(119페이지)의 6번 과정까지 진행합니다.

※ 리본의 가로 길이 : 6cm

❷ 오른쪽 리본 끝을 접어 리본 뒤로 내립니다.

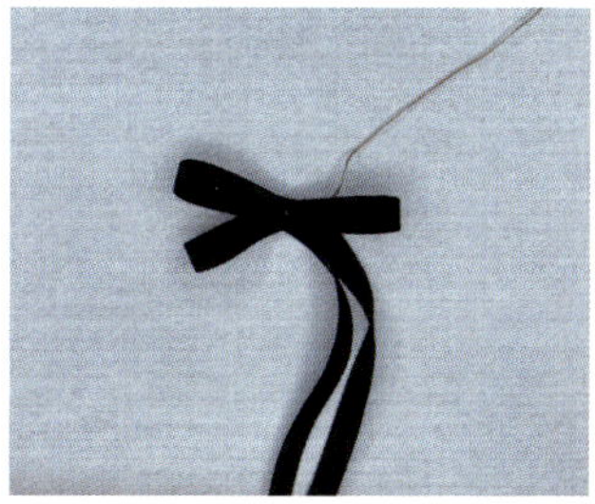

❸ 바느질로 리본 모양을 고정합니다.

❹ 폭 5mm, 길이 50cm의 새로운 리본을 사선으로 접습니다.

❺ 새로운 리본을 미리 만들어둔 리본의 중심 위에 고정합니다.

❻ 리본을 도안에 고정합니다.

❼ 리본의 중심 위에 비즈를 달아 장식합니다.

07

크록스 지비츠 만드는 방법

❶ 펠트지에 수를 놓습니다.

※ 펠트지는 크록스 신발과 비슷한 색상을 사용합니다.

❷ 자수의 매듭이 풀리지 않게 유의하면서 펠트지를 바짝 잘라냅니다.

❸ 작은 펠트지를 시침질로 덧대어 뒷면의 스티치 매듭을 가립니다.

❹ 구슬 자수는 작은 펠트지에 고정 후 매듭을 짓고 남은 실을 짧게 자릅니다.

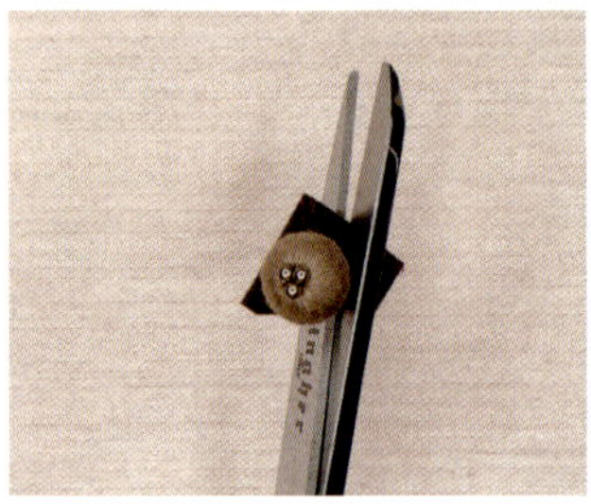

❺ 펠트지를 작게 자릅니다.

❻ 접착제로 뒷면에 지비츠 부속을 부착합니다.

❼ 완성된 지비츠를 크록스에 끼워 예쁘게 활용합니다.

5

도안집

- 실 번호 옆에 '울사', 또는 '4번사' 표시가 없는 부분은 모두 '25번사'입니다.
- 실 번호 옆의 ( ) 안에 있는 숫자는 사용한 실의 '가닥 수'입니다.

ex) 디태치드 블랭킷 랩핑 비즈 : 울사 7139(1) → 울사 7139번 실을 1가닥 이용하여 디태치드 블랭킷 랩핑 비즈 스티치

랩핑 비즈 815(2) → 25번사 815번 실을 2가닥 이용하여 랩핑 비즈 스티치

- 실 가닥 수 옆의 '0회'는 스티치 기법에 따라 바늘에 실을 걸어 고리를 만드는 횟수나 바늘에 실을 감는 횟수를 의미합니다.

도안 따뜻한 겨울날 (솔방울 포인세티아 캔들 장식)

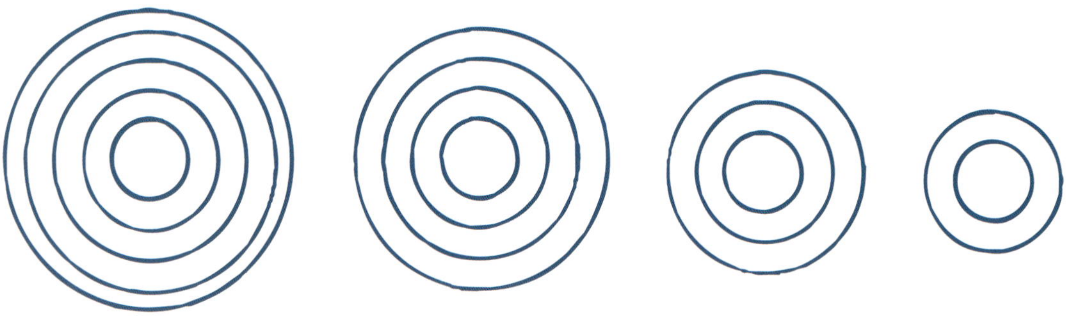

잎 - 와이어를 사용한 입체 자수

구역	1	2	3	4	5
가닥수	2				1
실 색상	640, 934, 935, 3011 중에서 1~5구역에 자유롭게 배색				

※ 도안에서 떠 있는 형태

포인세티아 입체 자수
작은 잎 3장 + 큰 잎 3장

솔방울 입체 자수
상(①) : 울사 7467(1) - 9회
하(②) : 울사 7469(1) - 10회
＊ 포인트 색상 : 울사 7416(1)

디태치드 블랭킷 랩핑
비즈 : 울사 7139(1)

랩핑 비즈 : 814(2)

도토리 입체 자수
랩핑 비즈 : 울사 7489(1)
뚜껑, 꼭지 : 울사 7413(1)

솔방울 입체 자수
상(③) : 울사 7467(1) - 11회
하(④) : 울사 7515(1) - 12회
＊ 포인트 색상 : 울사 7416(1)

솔방울 입체 자수 도안 ＊ 캐스트온 데이지 볼 스티치

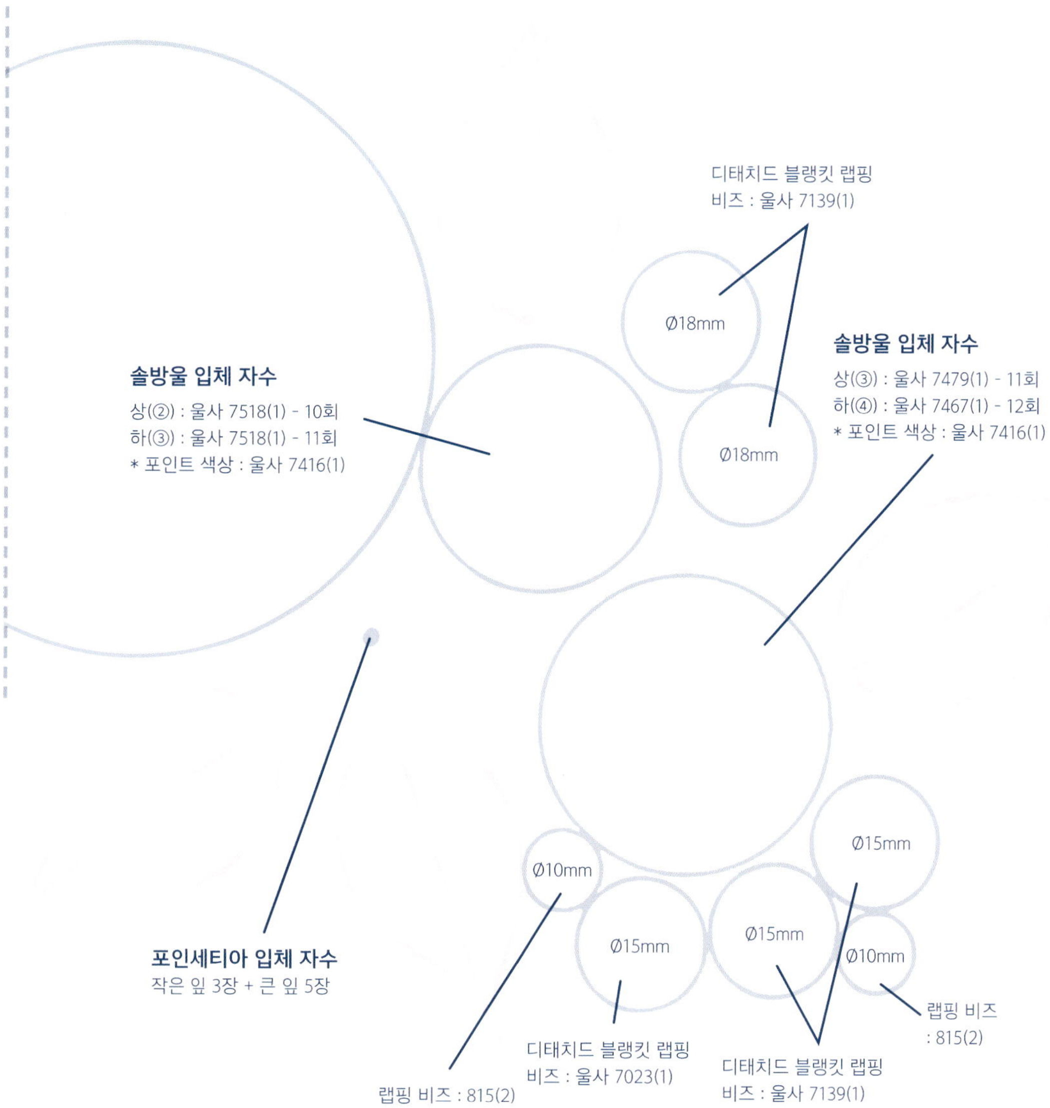

포인세티아 입체 자수

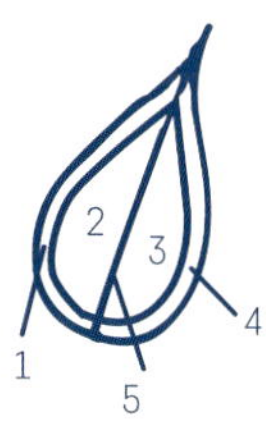

구역	1	2	3	4	5
가닥수	2				1
실 색상	814, 3803 중에서 1~5구역에 자유롭게 배색				

포인세티아 입체 자수 도안

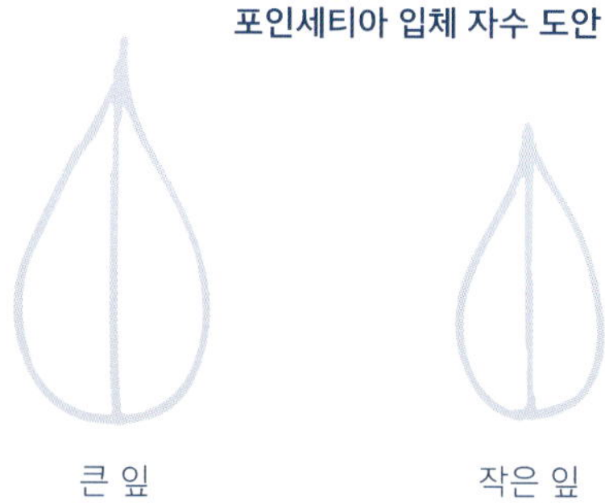

도안 늦가을의 포근함 (울사 구슬 액자)

* 42x42(cm) 캔버스에 고정

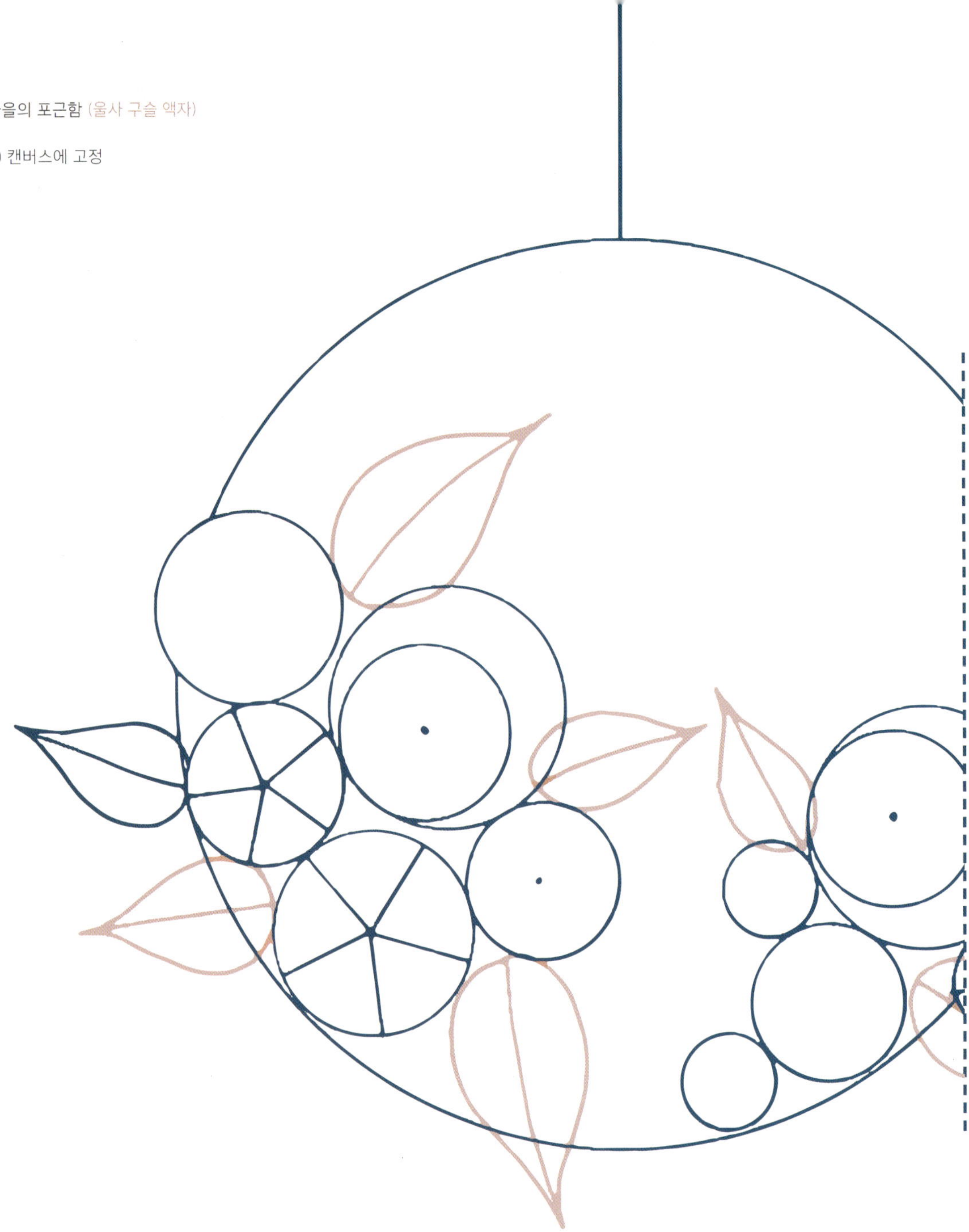

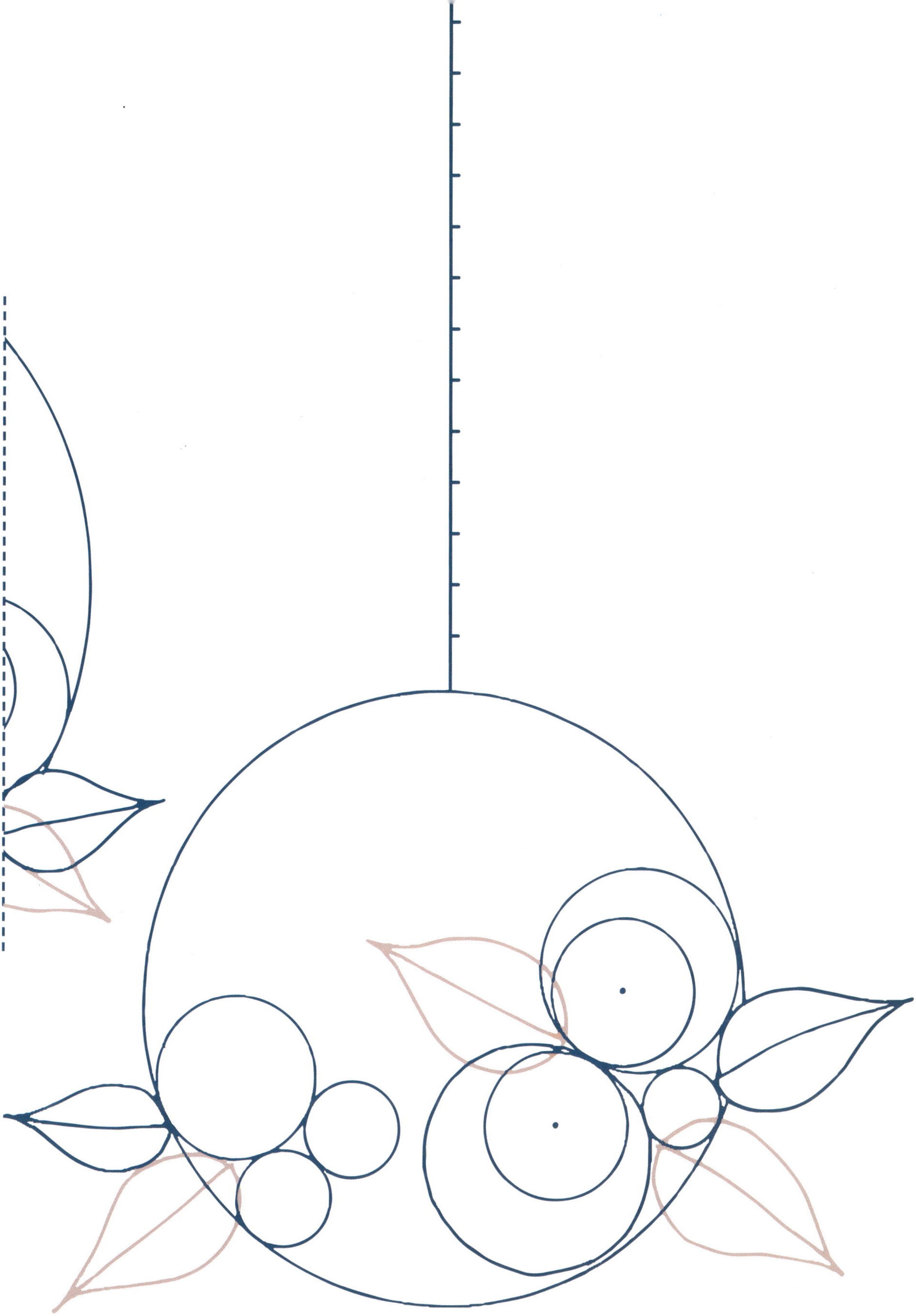

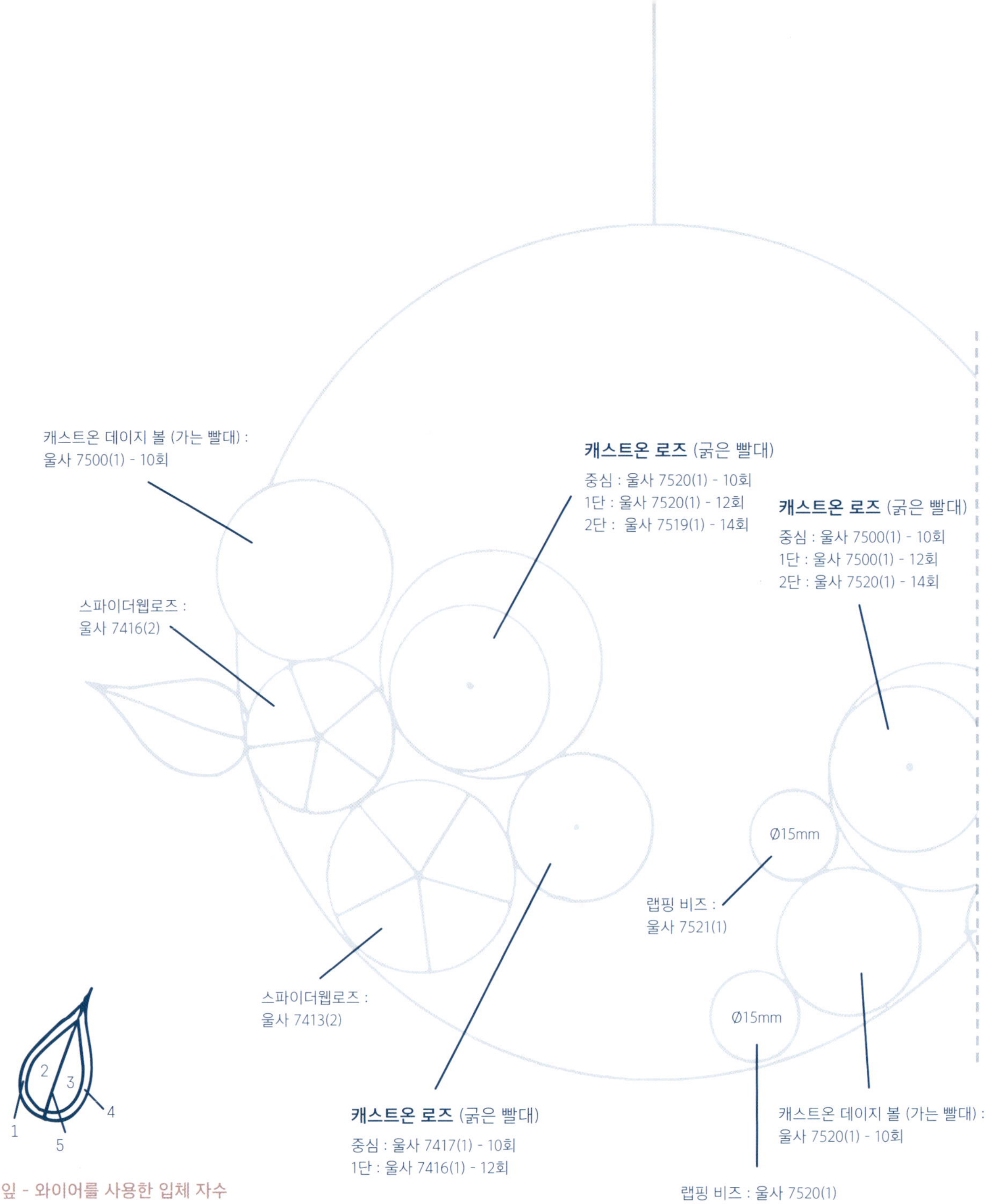

잎 - 와이어를 사용한 입체 자수

구역	1	2	3	4	5
가닥수	2				1
실 색상	840, 842, 3781, 3864 중에서 1~5구역에 자유롭게 배색				

※ 도안에서 떠 있는 형태

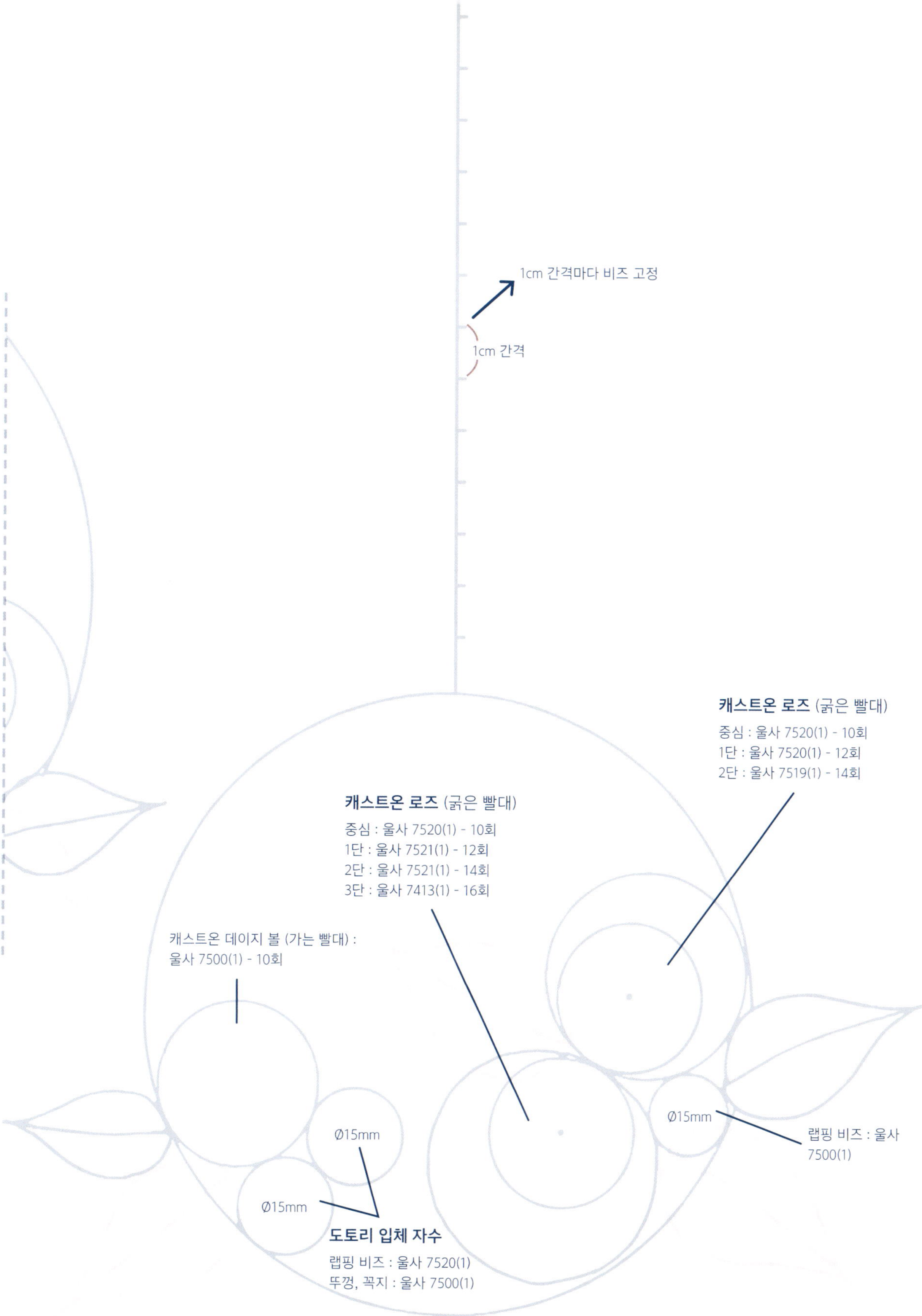
1cm 간격마다 비즈 고정
1cm 간격
캐스트온 로즈 (굵은 빨대)
중심 : 울사 7520(1) - 10회
1단 : 울사 7520(1) - 12회
2단 : 울사 7519(1) - 14회
캐스트온 로즈 (굵은 빨대)
중심 : 울사 7520(1) - 10회
1단 : 울사 7521(1) - 12회
2단 : 울사 7521(1) - 14회
3단 : 울사 7413(1) - 16회
캐스트온 데이지 볼 (가는 빨대) :
울사 7500(1) - 10회
Ø15mm
Ø15mm
Ø15mm
랩핑 비즈 : 울사
7500(1)
도토리 입체 자수
랩핑 비즈 : 울사 7520(1)
뚜껑, 꼭지 : 울사 7500(1)

도안 반짝반짝 빛나는 순간들 (25번사 구슬 액자)

* 34x50(cm) 캔버스에 고정

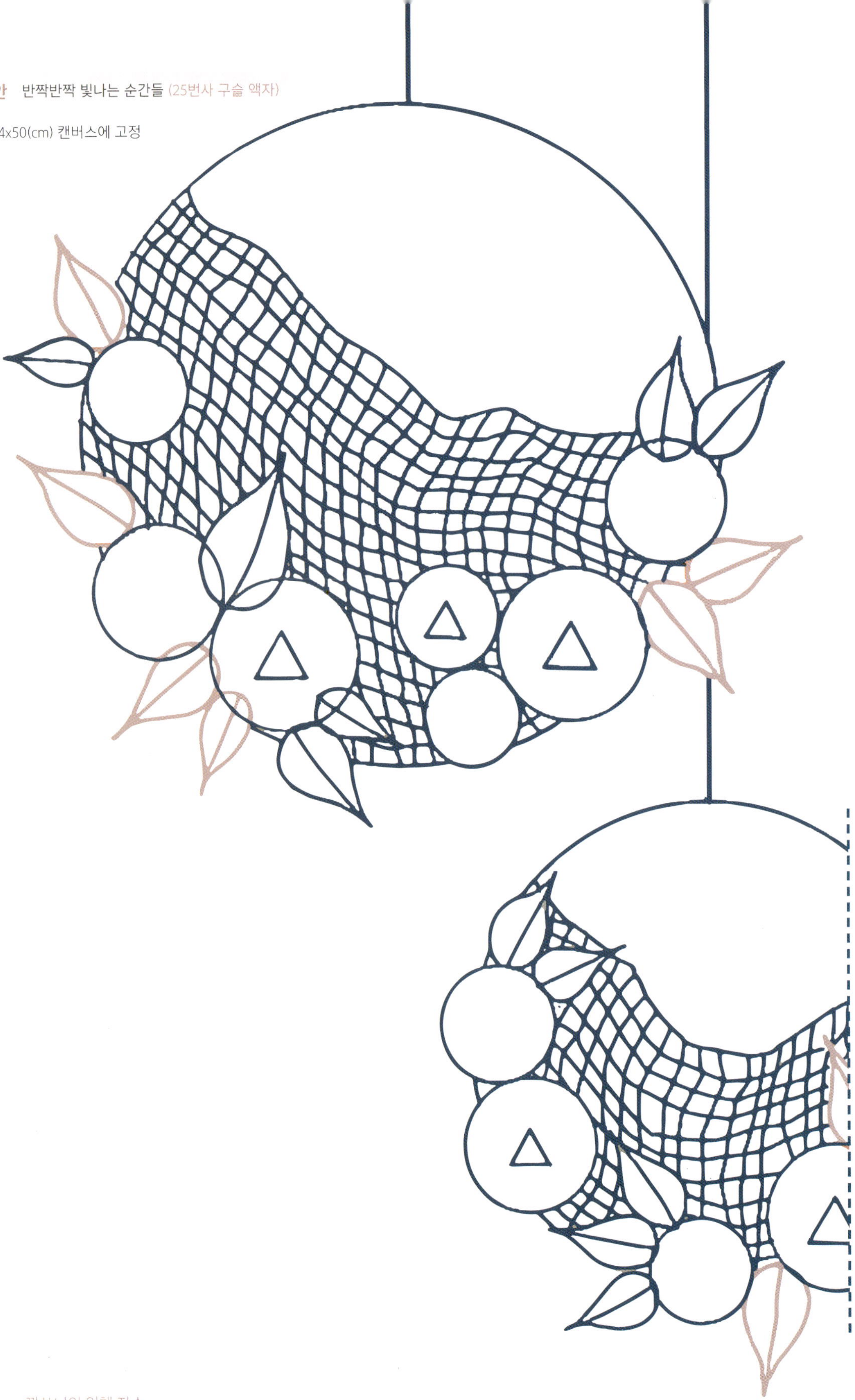

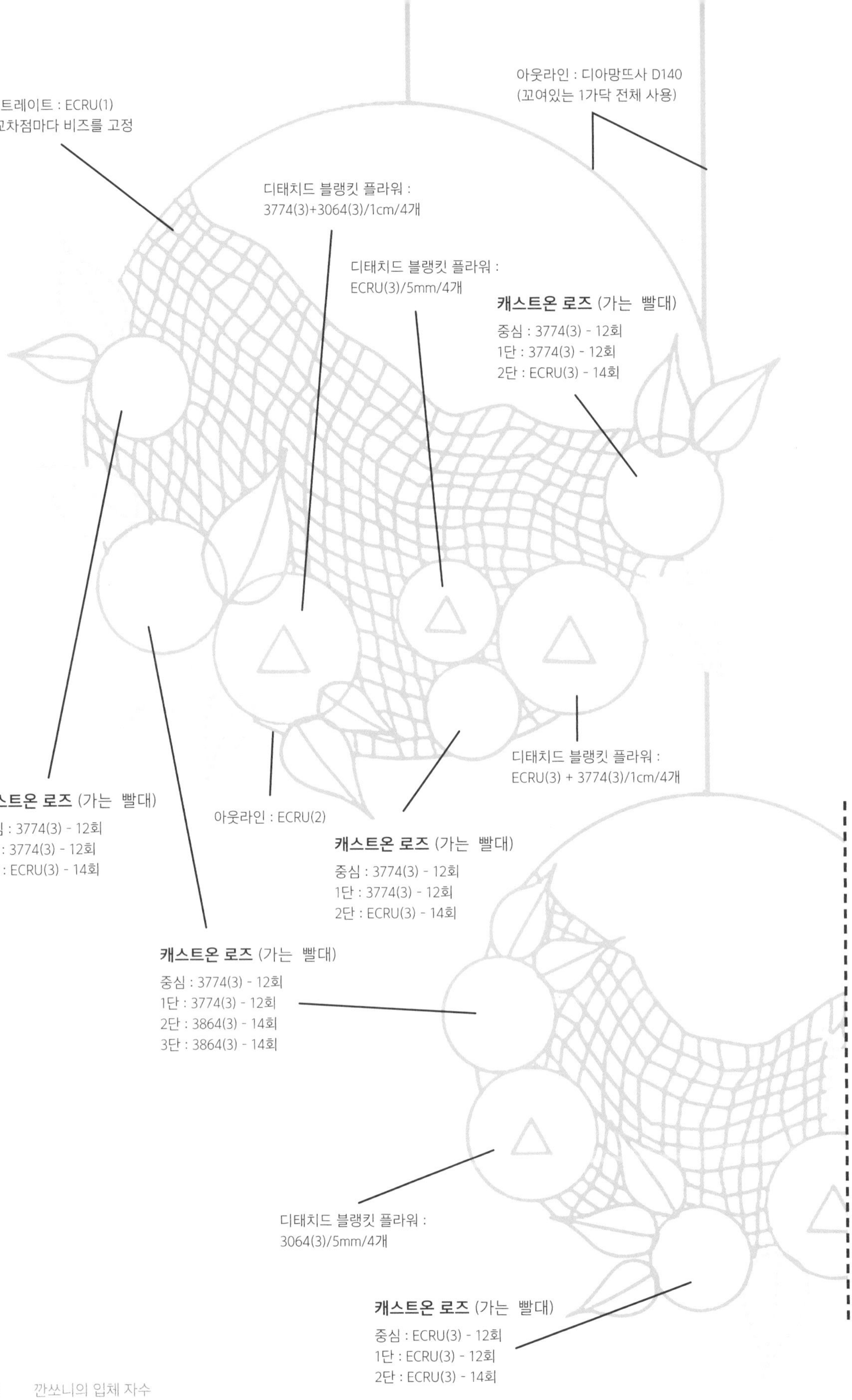
스트레이트 : ECRU(1)
*교차점마다 비즈를 고정
아웃라인 : 디아망뜨사 D140
(꼬여있는 1가닥 전체 사용)
디태치드 블랭킷 플라워 :
3774(3)+3064(3)/1cm/4개
디태치드 블랭킷 플라워 :
ECRU(3)/5mm/4개
캐스트온 로즈 (가는 빨대)
중심 : 3774(3) - 12회
1단 : 3774(3) - 12회
2단 : ECRU(3) - 14회
디태치드 블랭킷 플라워 :
ECRU(3) + 3774(3)/1cm/4개
캐스트온 로즈 (가는 빨대)
중심 : 3774(3) - 12회
1단 : 3774(3) - 12회
2단 : ECRU(3) - 14회
아웃라인 : ECRU(2)
캐스트온 로즈 (가는 빨대)
중심 : 3774(3) - 12회
1단 : 3774(3) - 12회
2단 : ECRU(3) - 14회
캐스트온 로즈 (가는 빨대)
중심 : 3774(3) - 12회
1단 : 3774(3) - 12회
2단 : 3864(3) - 14회
3단 : 3864(3) - 14회
디태치드 블랭킷 플라워 :
3064(3)/5mm/4개
캐스트온 로즈 (가는 빨대)
중심 : ECRU(3) - 12회
1단 : ECRU(3) - 12회
2단 : ECRU(3) - 14회

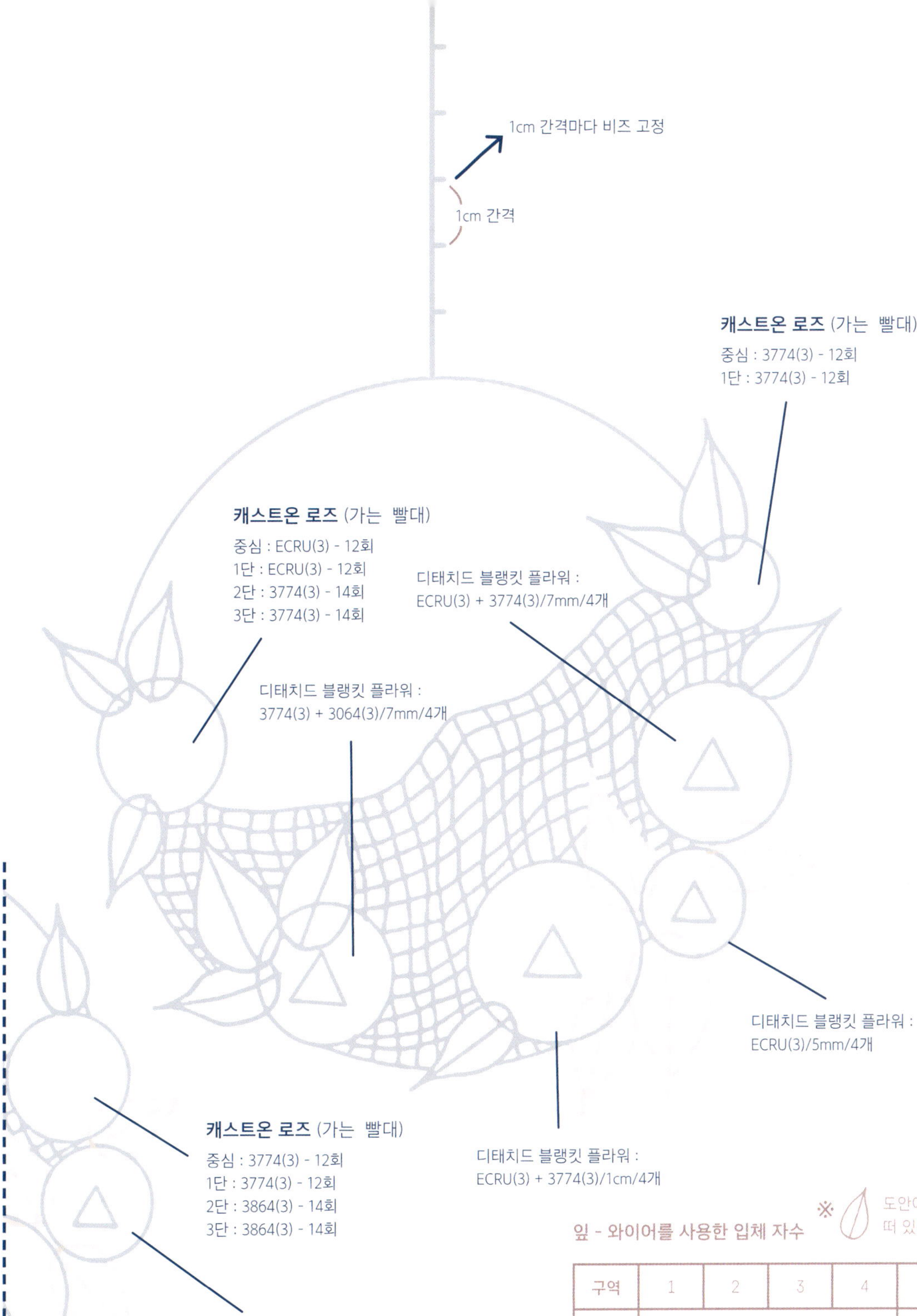

잎 - 와이어를 사용한 입체 자수

※ 도안에서 떠 있는 형태

구역	1	2	3	4	5
가닥수	2				1
실 색상	640, 934, 935, 3011, 3012, 3021 중에서 1~5구역에 자유롭게 배색				

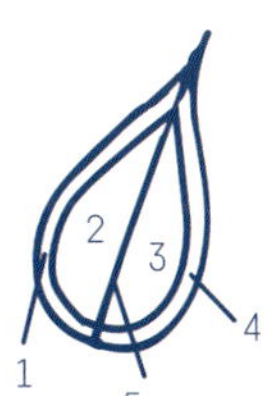

핑크 모노톤

* 32x41(cm) 캔버스에 고정

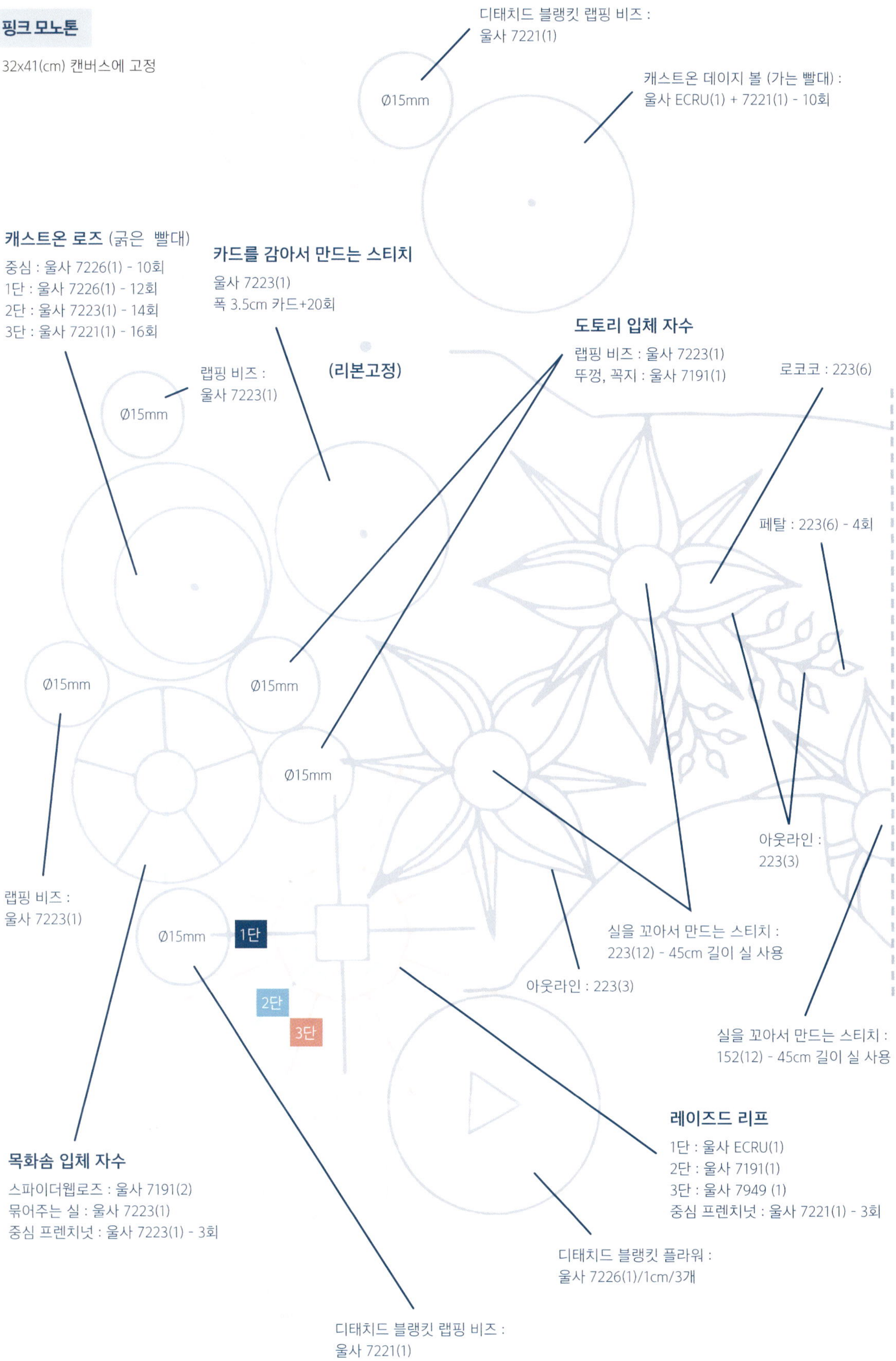

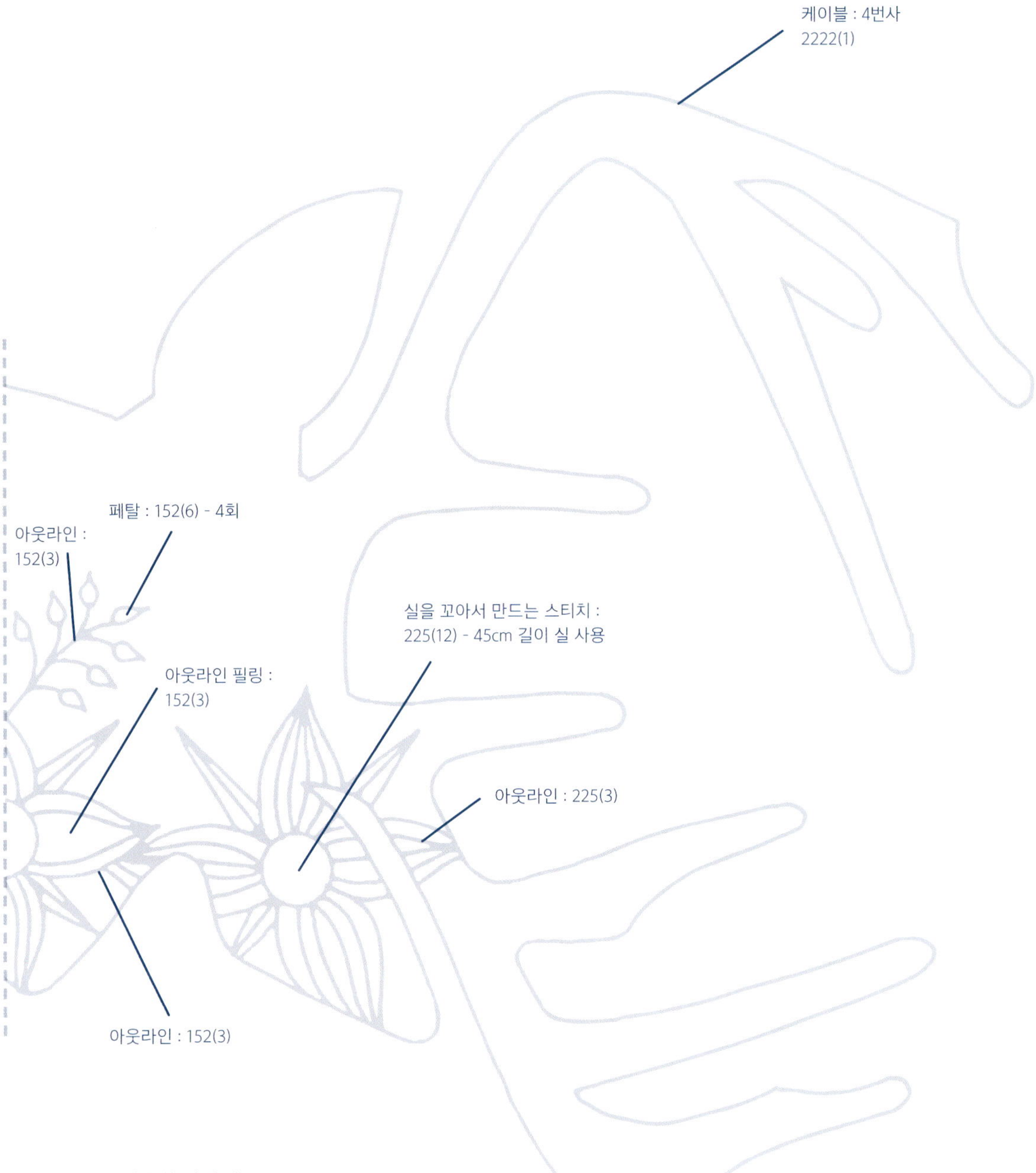

잎 - 와이어를 사용한 입체 자수

구역	1	2	3	4	5
가닥수	2				1
실 색상	152, 223, 225, 315 중에서 1~5구역에 자유롭게 배색				

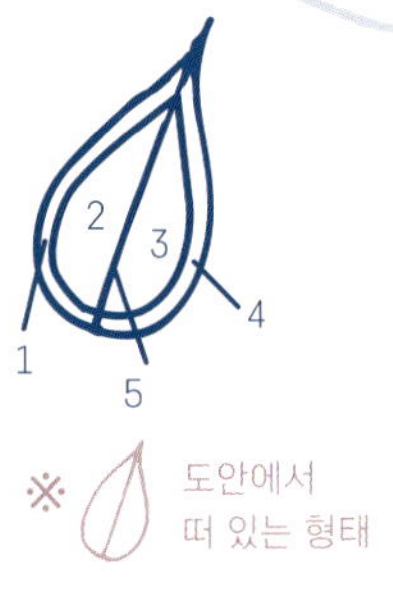

민트 모노톤

* Ø38cm 수틀에 고정

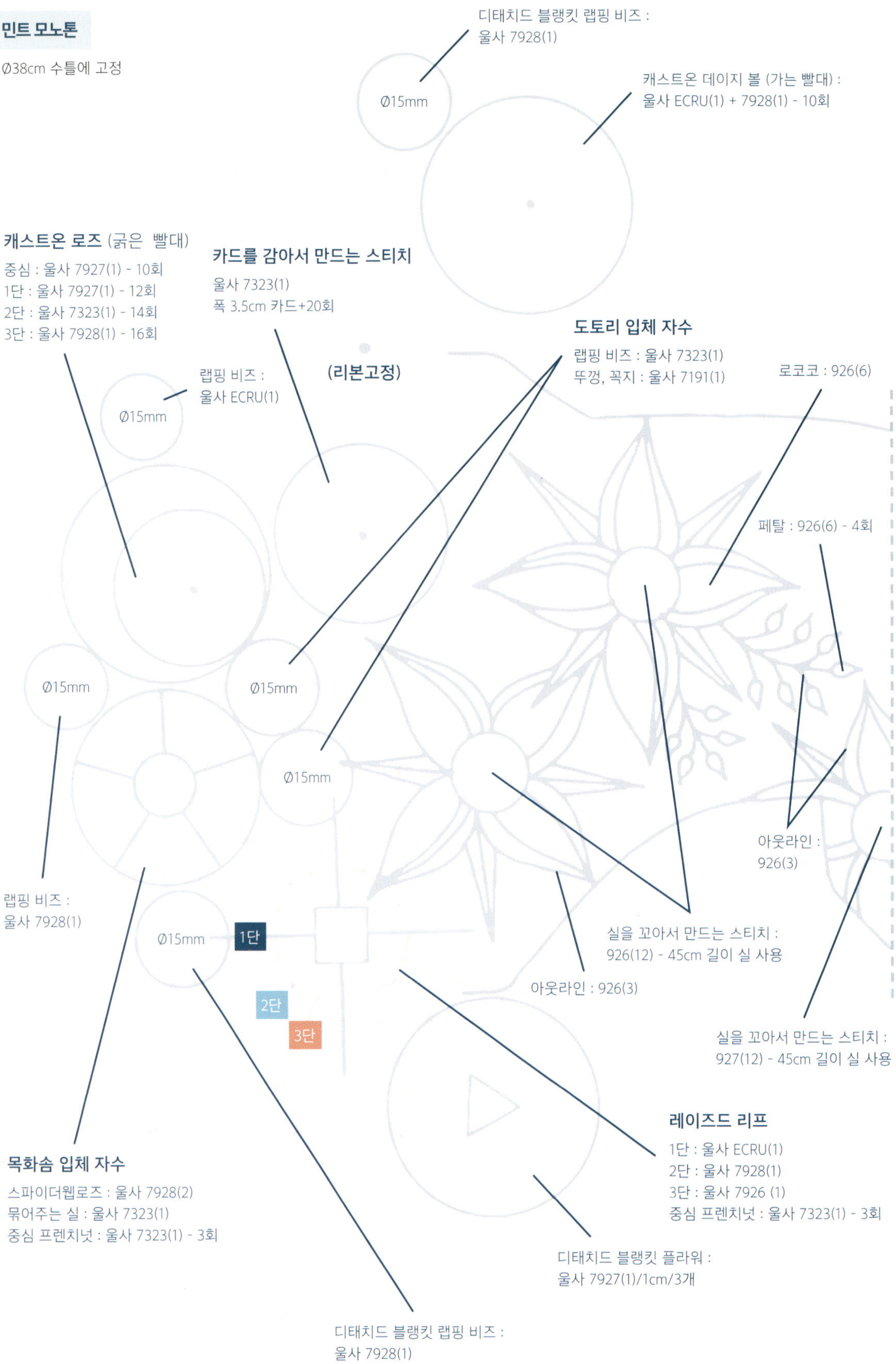

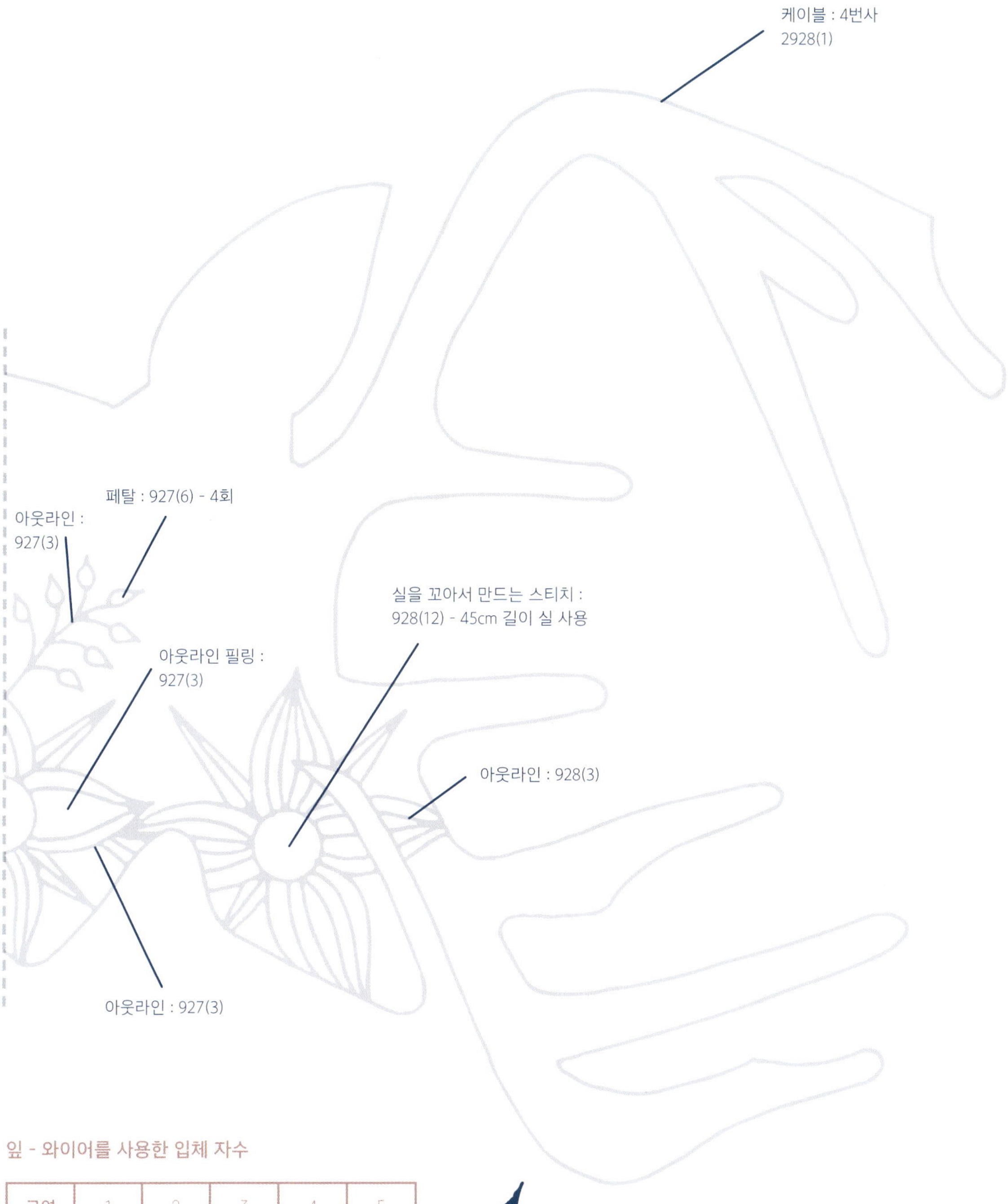

잎 - 와이어를 사용한 입체 자수

구역	1	2	3	4	5
가닥수	2				1
실 색상	ECRU, 926, 927, 928 중에서 1~5구역에 자유롭게 배색				

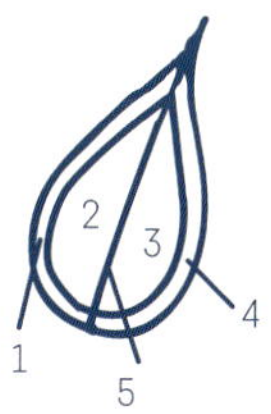

※  도안에서 떠 있는 형태

도안 고래의 수영 (고래 원형 액자)

* Ø38cm 수틀에 고정

* 고래를 원하는 수, 원하는 형태로 자유롭게 배치합니다.

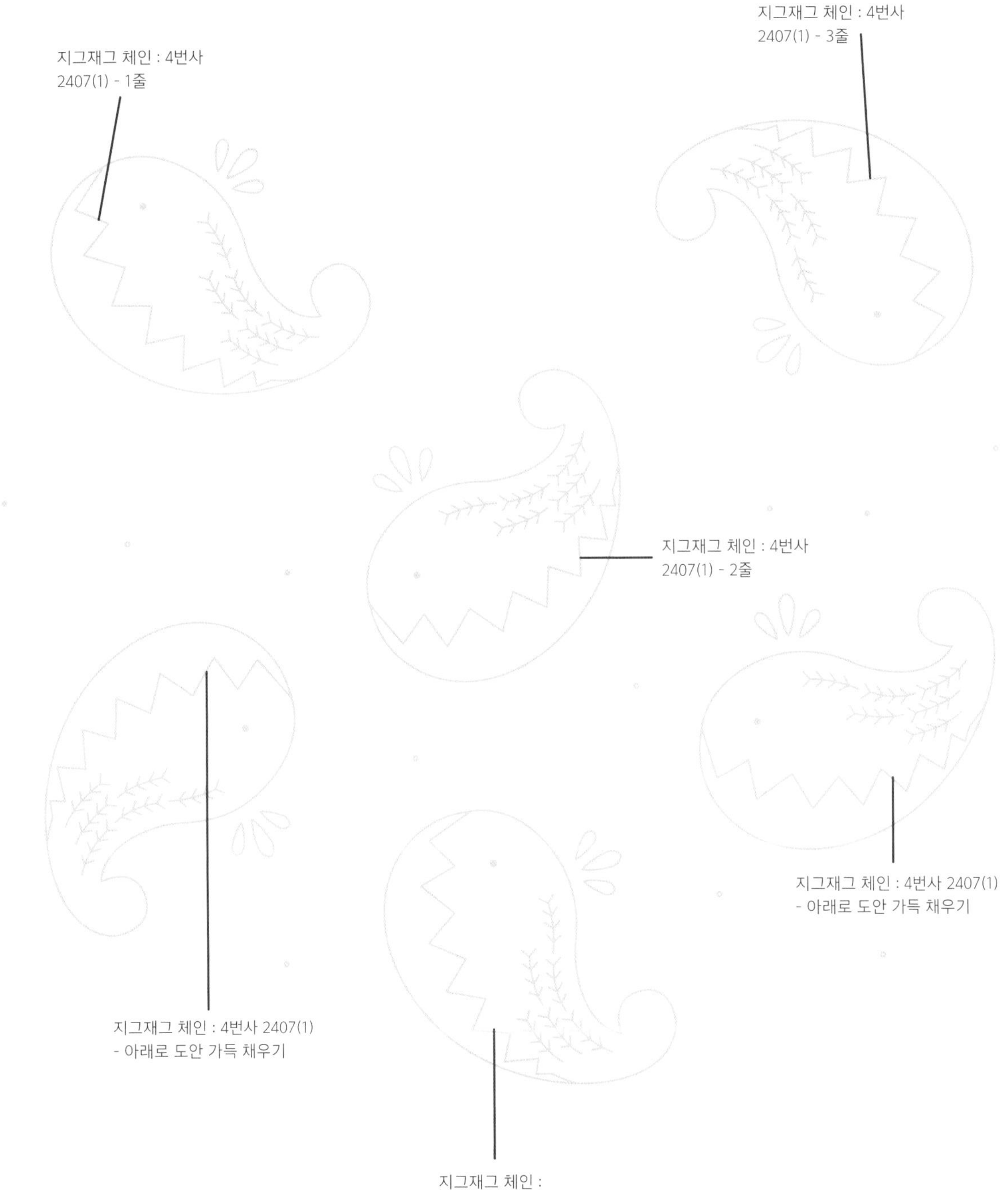
지그재그 체인 : 4번사
2407(1) - 3줄
지그재그 체인 : 4번사
2407(1) - 1줄
지그재그 체인 : 4번사
2407(1) - 2줄
지그재그 체인 : 4번사 2407(1)
- 아래로 도안 가득 채우기
지그재그 체인 : 4번사 2407(1)
- 아래로 도안 가득 채우기
지그재그 체인 :
4번사 2407(1) - 1줄

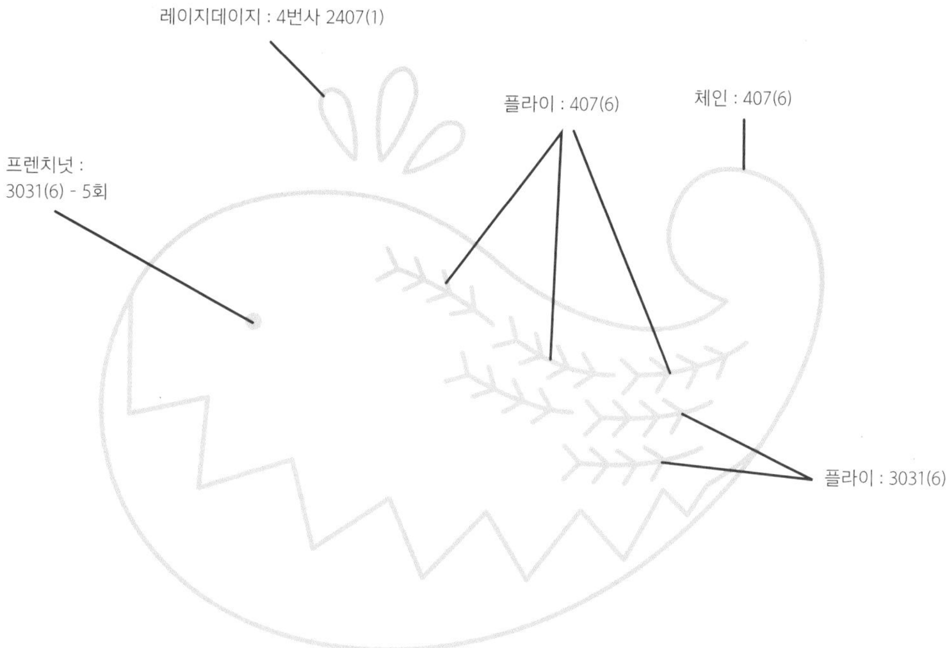
레이지데이지 : 4번사 2407(1)
플라이 : 407(6)
체인 : 407(6)
프렌치넛 :
3031(6) - 5회
플라이 : 3031(6)

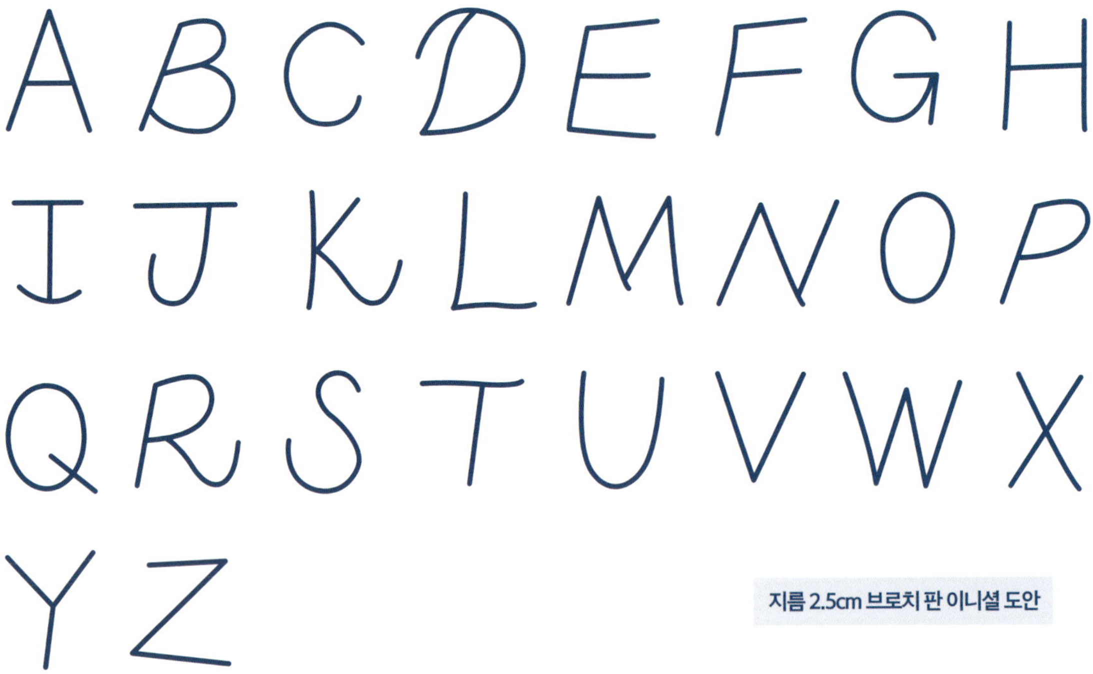

지름 2.5cm 브로치 판 이니셜 도안

지름 4cm, 5cm 브로치 판 이니셜 도안

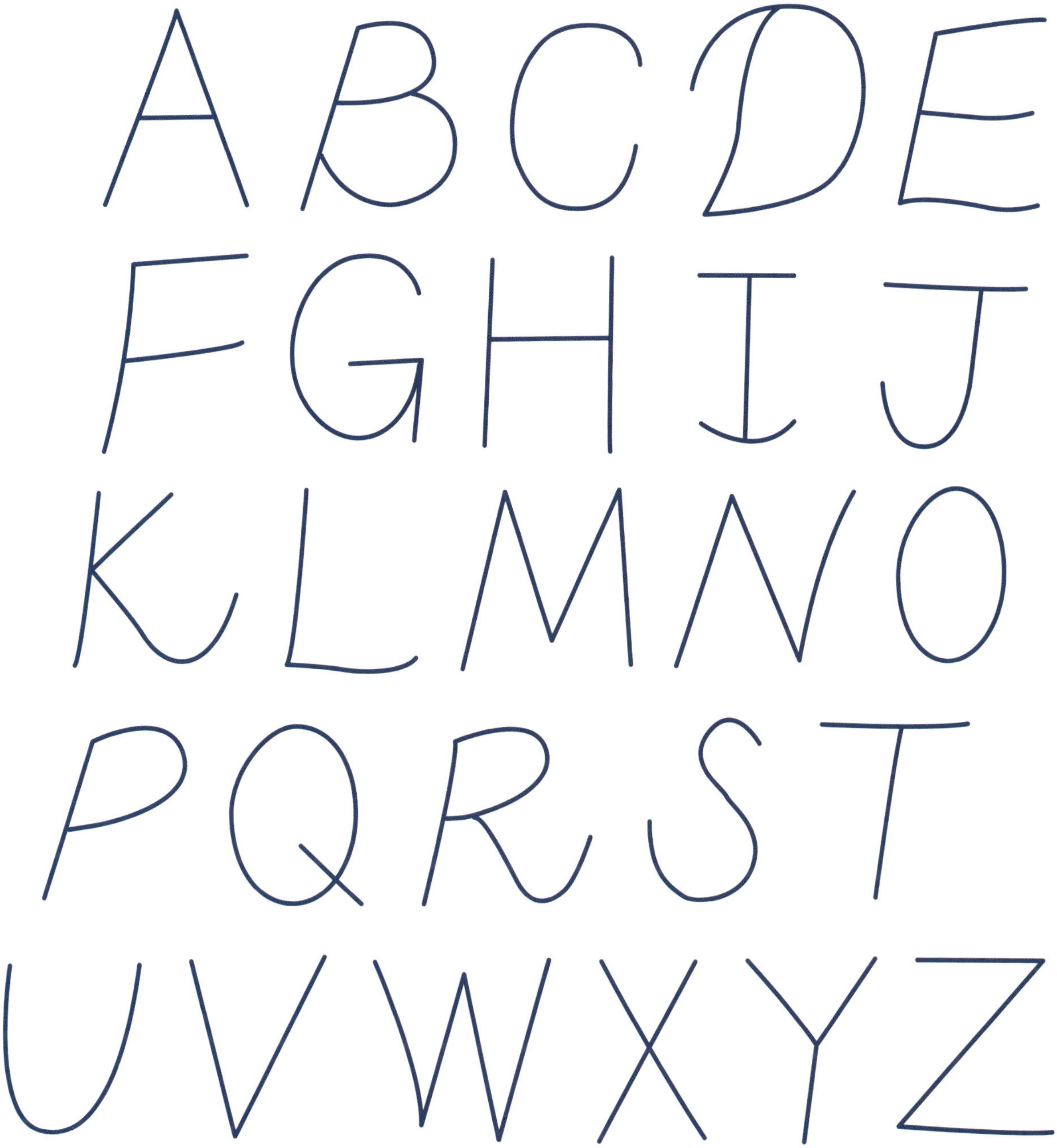

K
J
H
D
B O R I
S O N

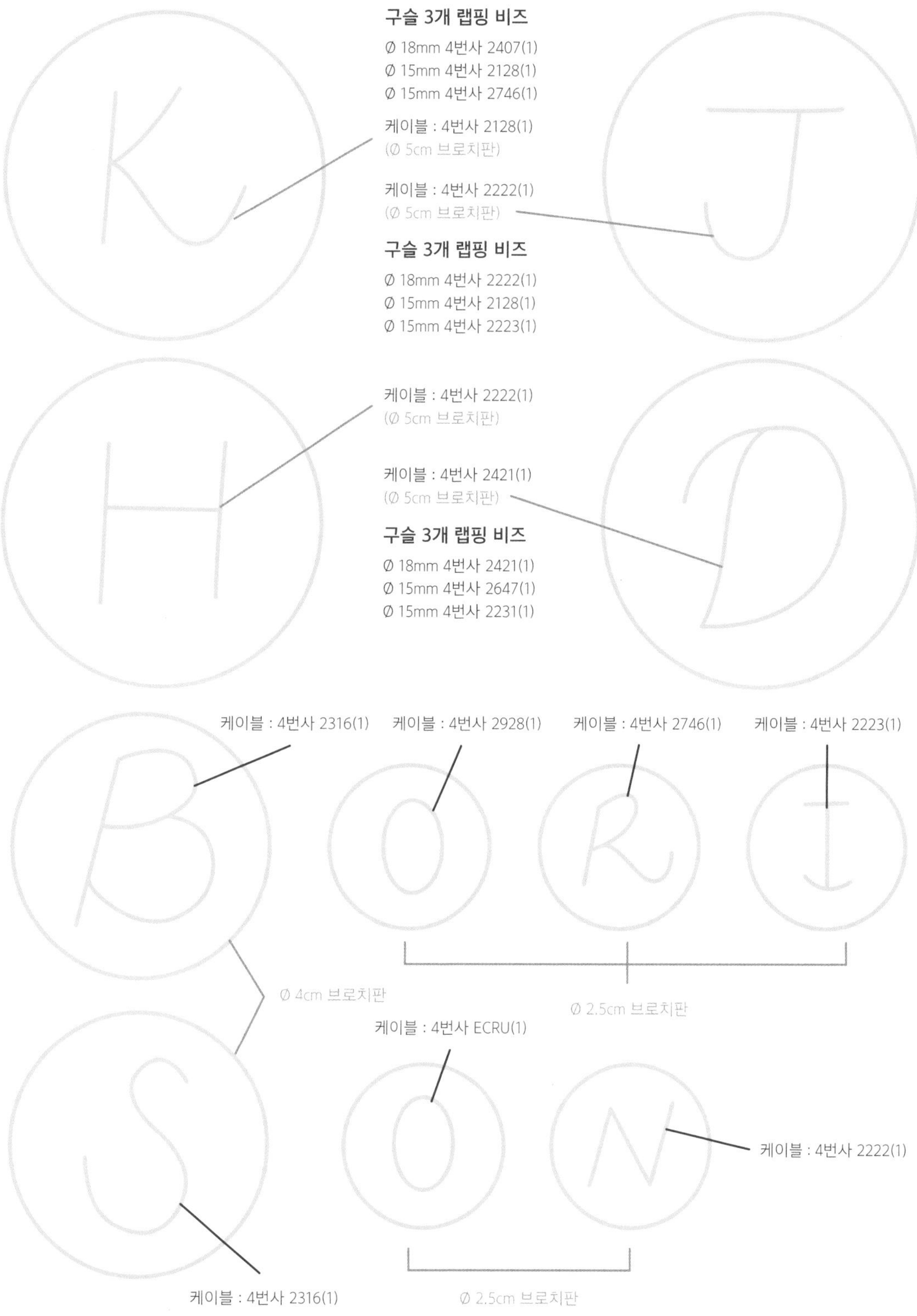

BORI 강아지 하네스 구슬 3개

Ø 15mm 도토리 입체 자수
랩핑 비즈 : 울사 7223(1)
뚜껑, 꼭지 : 울사 7191(1)

Ø 15mm 디태치드 블랭킷 랩핑 비즈 : 울사 7191(1)
Ø 15mm 디태치드 블랭킷 랩핑 비즈 : 울사 7221(1)

축소 전체샷

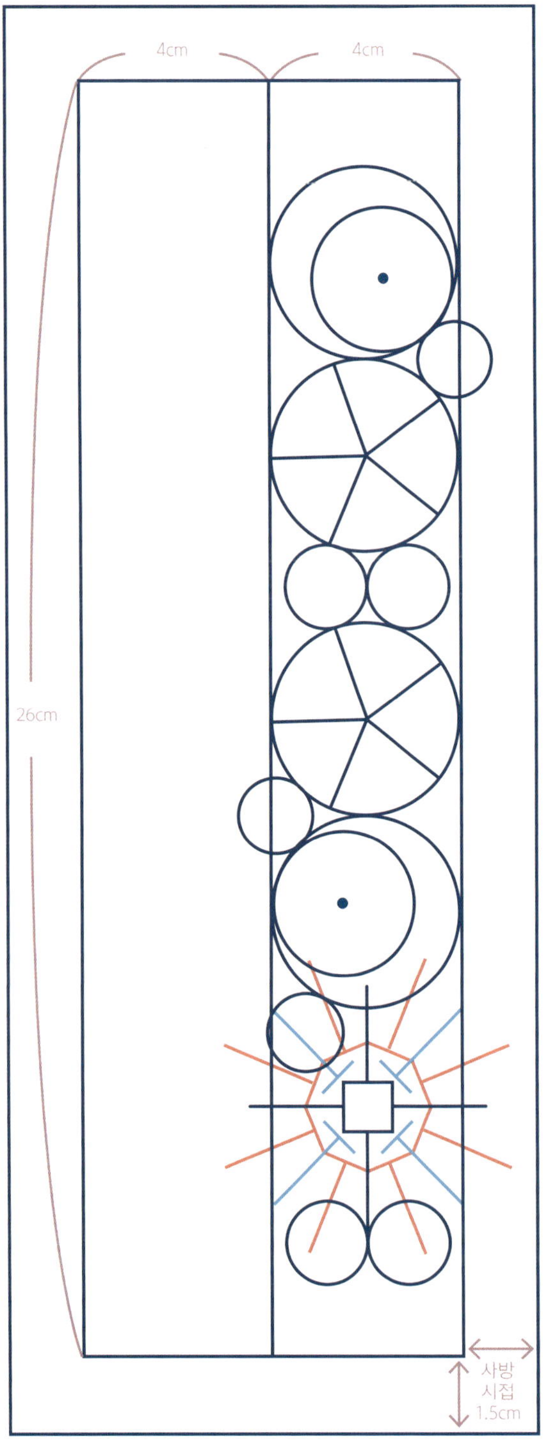

* 옷의 허리 단면의 길이가 26cm 이상일 때는 원단의 가로 길이를
허리 단면 길이에 맞춰 늘여서 재단합니다.

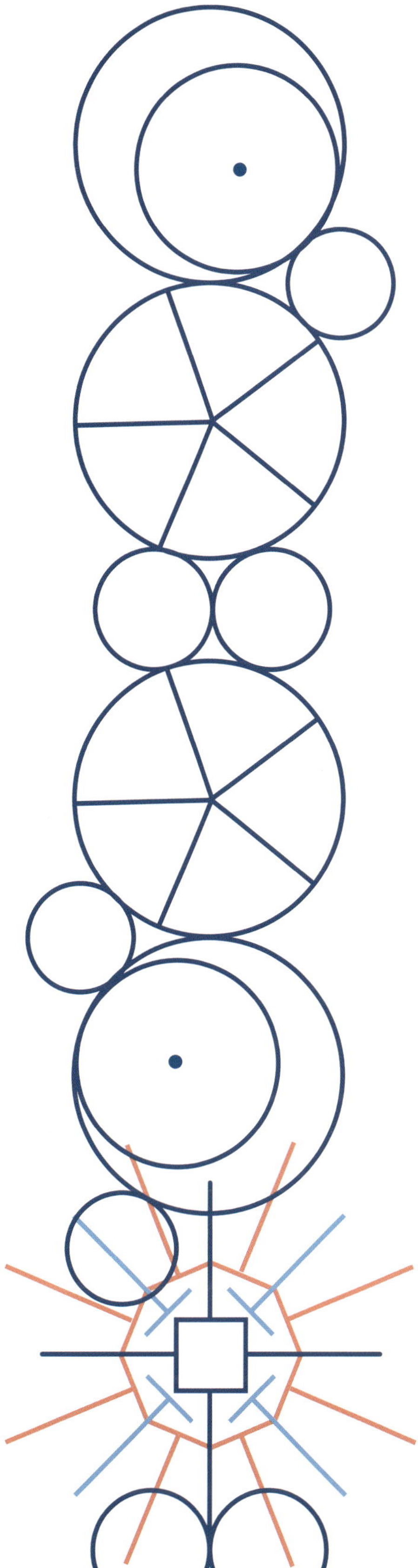

퍼플 모노톤

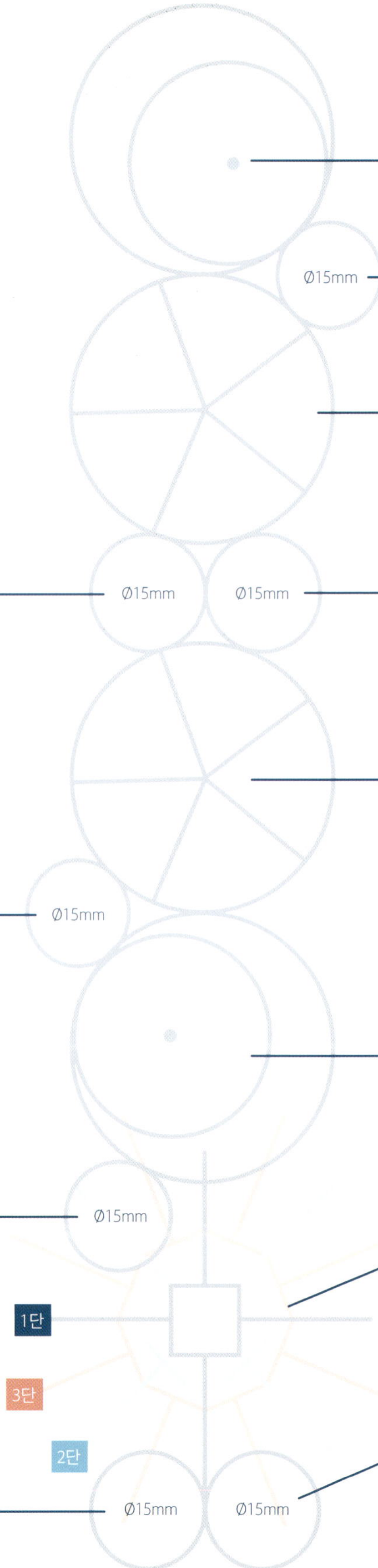

캐스트온 로즈 (굵은 빨대)
중심 : 울사 7266(1) - 10회
1단 : 울사 7266(1) - 12회
2단 : 울사 7262(1) - 14회

랩핑 비즈 : 울사 7375(1)

스파이더웹로즈 : 울사 7372(2)

디태치드 블랭킷 랩핑 비즈 :
울사 7266(1)

도토리 입체 자수
랩핑 비즈 : 울사 7266(1)
뚜껑, 꼭지 : 울사 7262(1)

스파이더웹로즈 : 울사 7375(2)

랩핑 비즈 : 울사 7262(1)

캐스트온 로즈 (굵은 빨대)
중심 : 울사 7375(1) - 10회
1단 : 울사 7375(1) - 12회
2단 : 울사 7372(1) - 14회

랩핑 비즈 : 울사 7375(1)

레이즈드 리프
1단 : 울사 7262(1)
2단 : 울사 7266(1)
3단 : 울사 7375(1)
중심 프렌치넛 : 울사 7266(1) - 3회

도토리 입체 자수
랩핑 비즈 : 울사 7266(1)
뚜껑, 꼭지 : 울사 7262(1)

디태치드 블랭킷 랩핑 비즈 :
울사 7266(1)

카키 브라운 모노톤

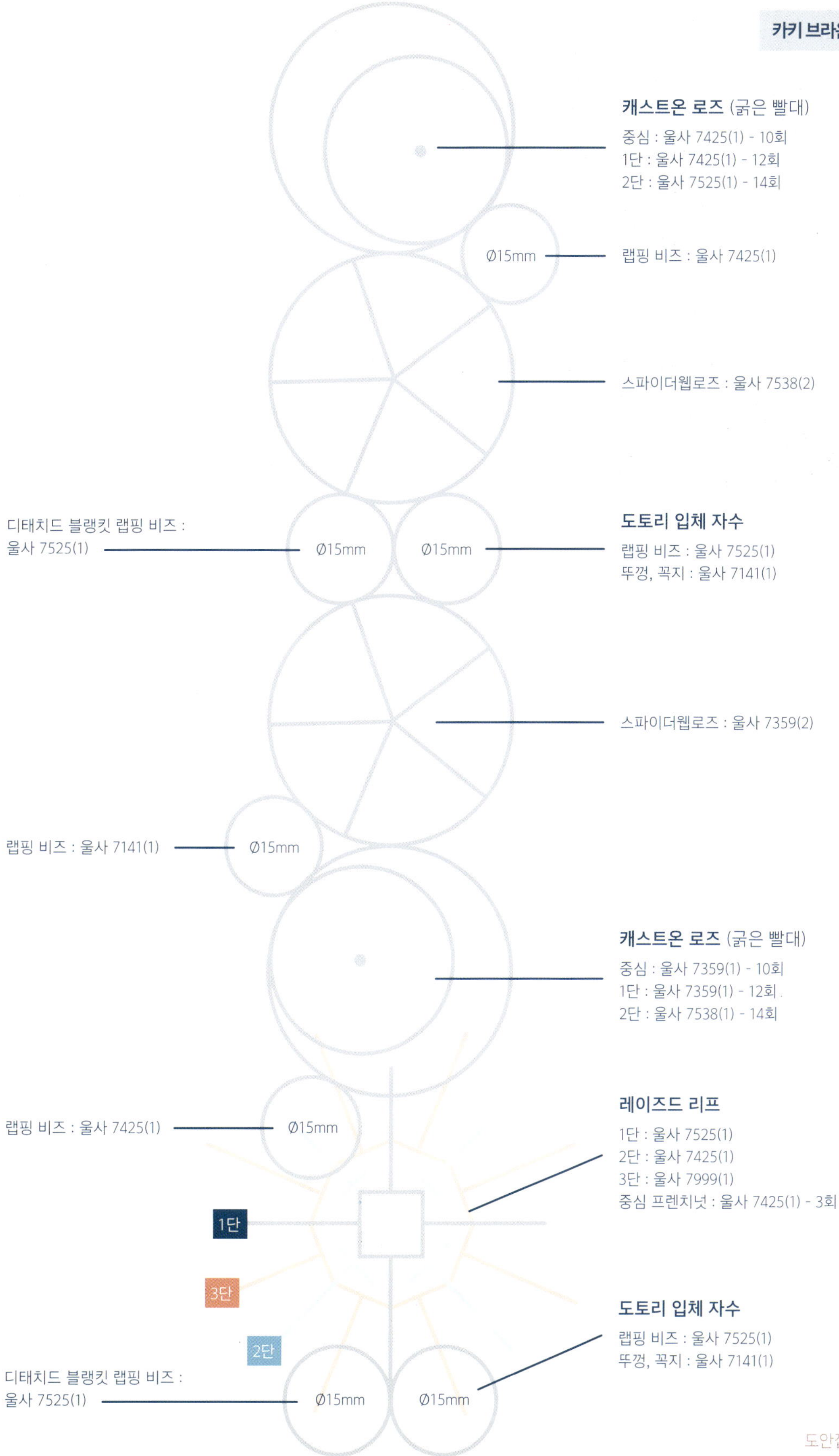

캐스트온 로즈 (굵은 빨대)
중심 : 울사 7425(1) - 10회
1단 : 울사 7425(1) - 12회
2단 : 울사 7525(1) - 14회
Ø15mm
랩핑 비즈 : 울사 7425(1)
스파이더웹로즈 : 울사 7538(2)
디태치드 블랭킷 랩핑 비즈 :
울사 7525(1)
Ø15mm
Ø15mm
도토리 입체 자수
랩핑 비즈 : 울사 7525(1)
뚜껑, 꼭지 : 울사 7141(1)
스파이더웹로즈 : 울사 7359(2)
랩핑 비즈 : 울사 7141(1)
Ø15mm
캐스트온 로즈 (굵은 빨대)
중심 : 울사 7359(1) - 10회
1단 : 울사 7359(1) - 12회
2단 : 울사 7538(1) - 14회
랩핑 비즈 : 울사 7425(1)
Ø15mm
레이즈드 리프
1단 : 울사 7525(1)
2단 : 울사 7425(1)
3단 : 울사 7999(1)
중심 프렌치넛 : 울사 7425(1) - 3회
1단
3단
2단
도토리 입체 자수
랩핑 비즈 : 울사 7525(1)
뚜껑, 꼭지 : 울사 7141(1)
디태치드 블랭킷 랩핑 비즈 :
울사 7525(1)
Ø15mm
Ø15mm

도안 가을날의 산책 (울사 꽃 자수 니트)

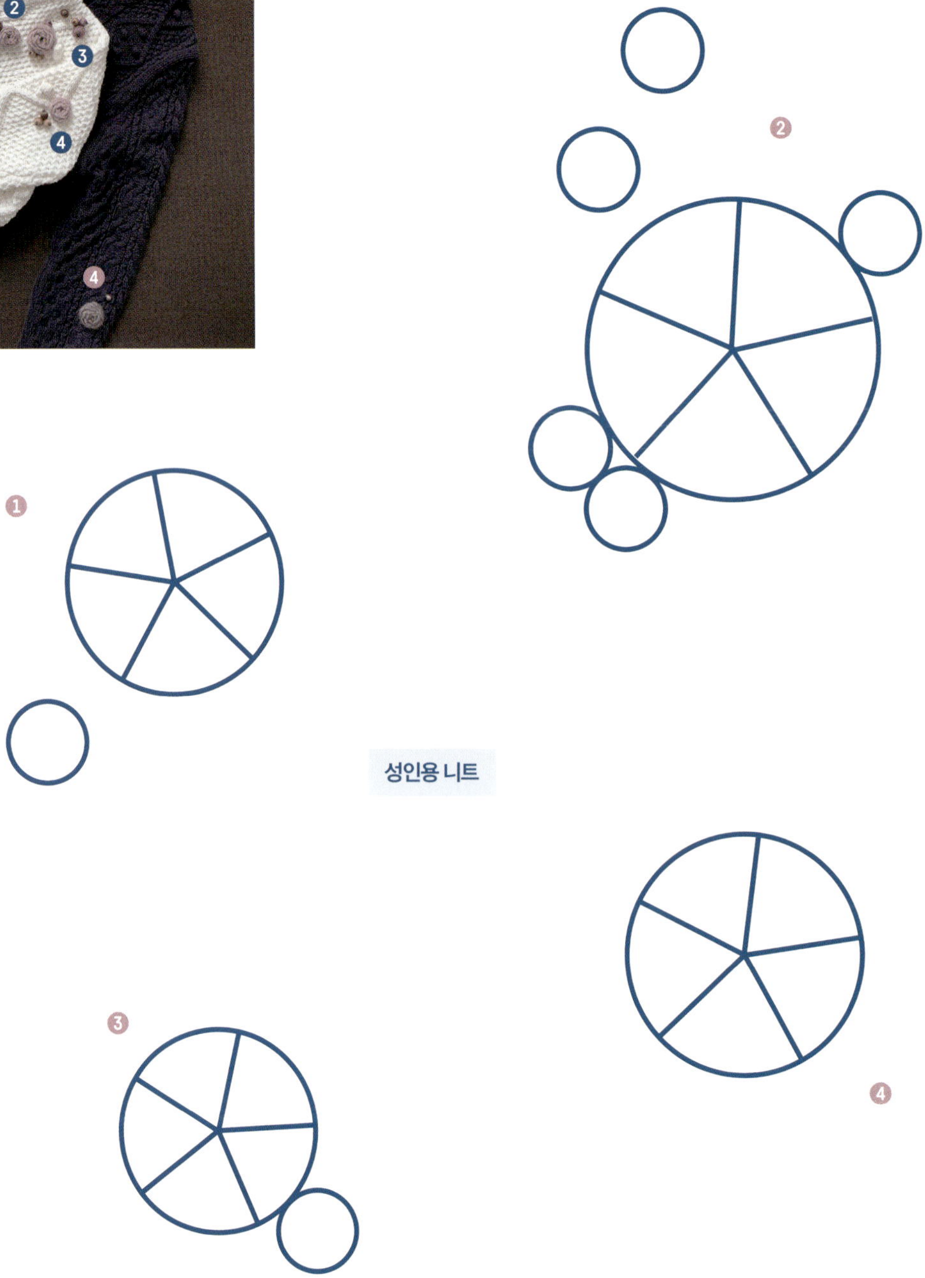

성인용 니트

❶

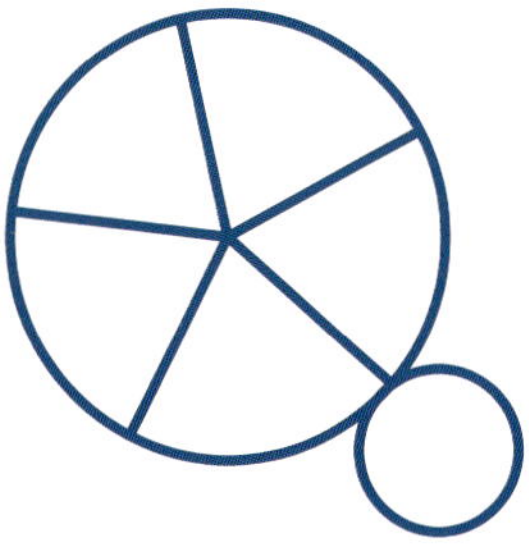

❷

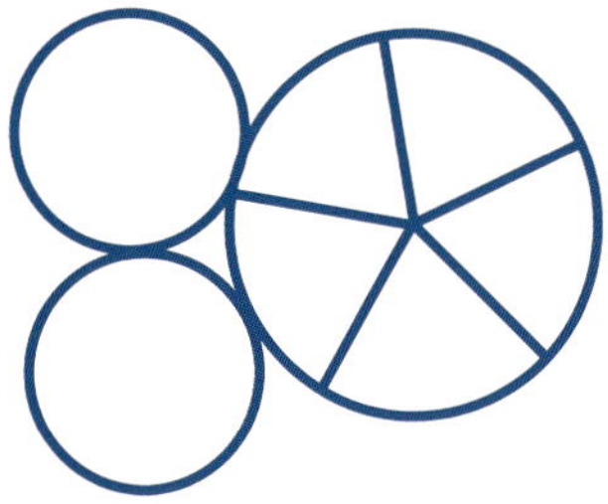

아동용 니트

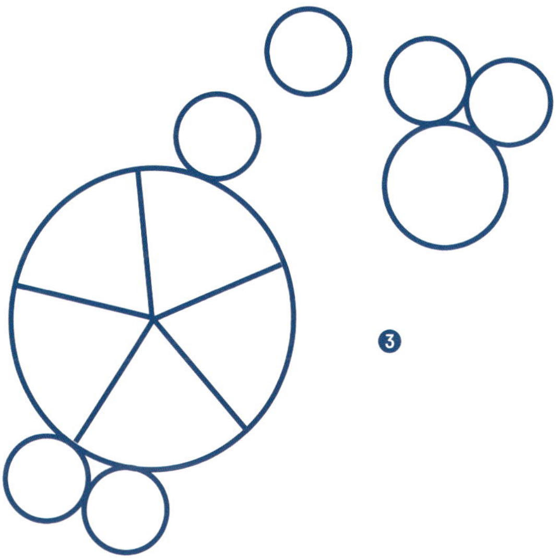

❸

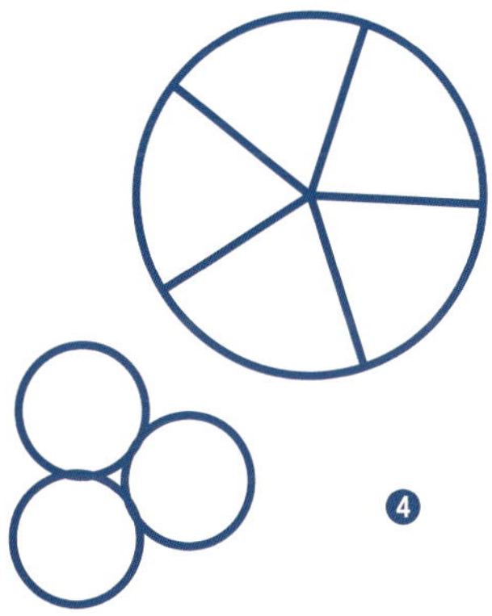

❹

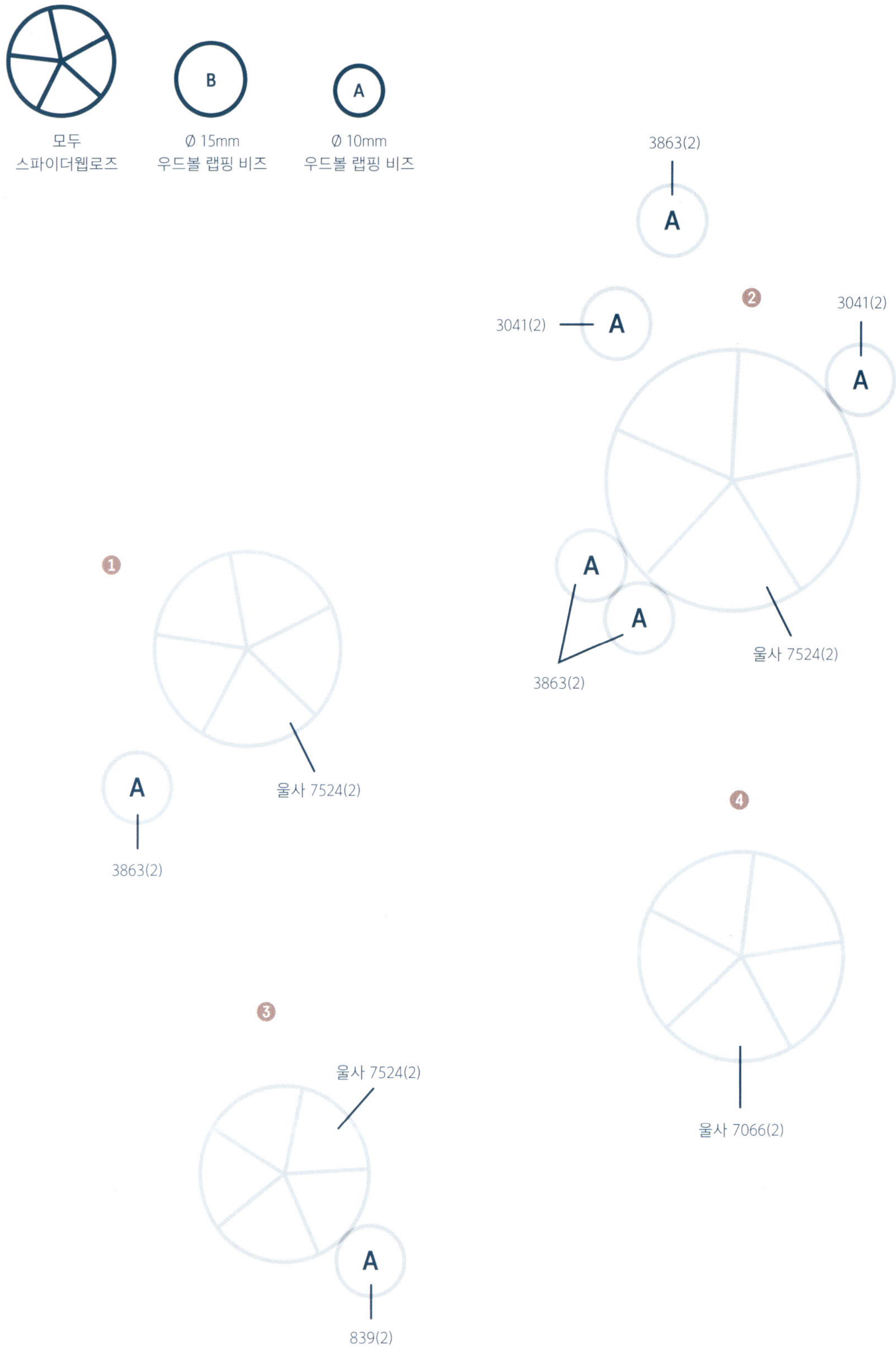
모두
스파이더웹로즈
B
Ø 15mm
우드볼 랩핑 비즈
A
Ø 10mm
우드볼 랩핑 비즈
1
A
3863(2)
울사 7524(2)
2
3863(2)
3041(2)
3041(2)
3863(2)
울사 7524(2)
3
울사 7524(2)
A
839(2)
4
울사 7066(2)

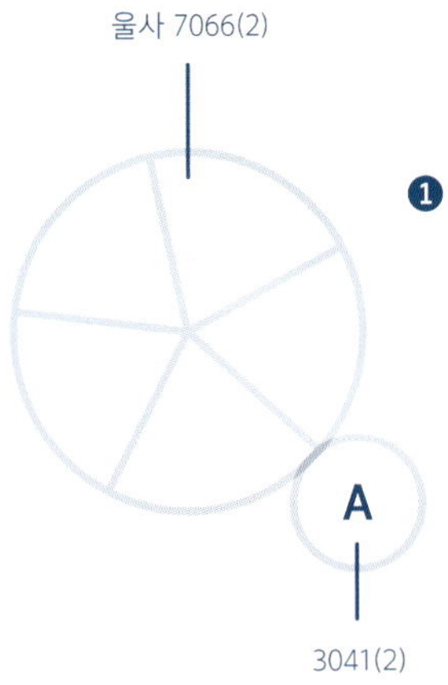
❶
울사 7066(2)
A
3041(2)

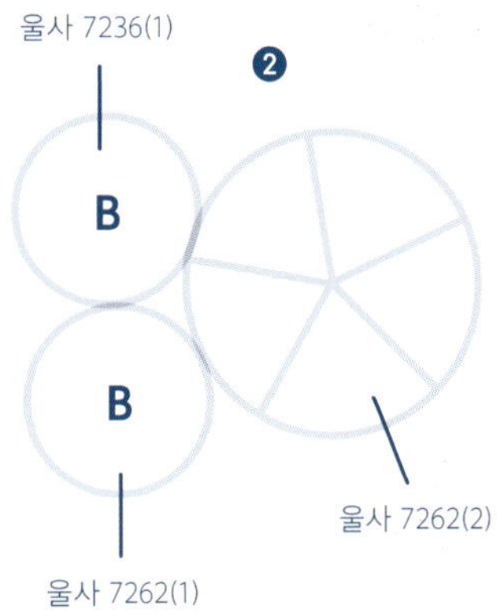
❷
울사 7236(1)
B
B
울사 7262(2)
울사 7262(1)

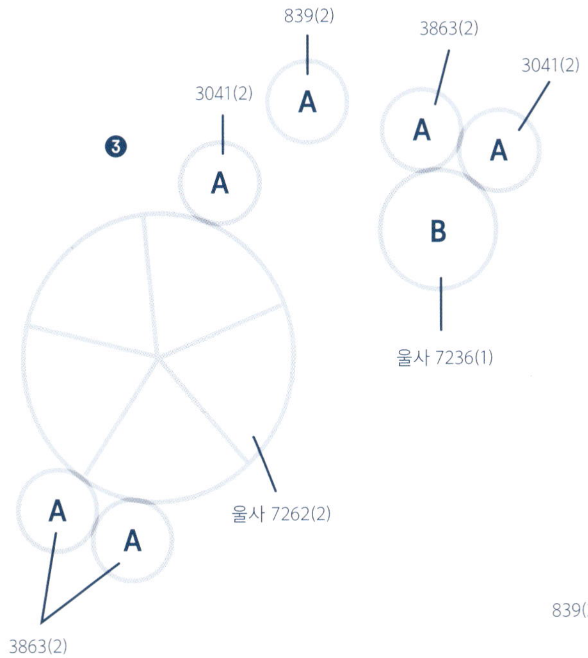
❸
839(2)
3863(2)
3041(2)
3041(2)
A
A
A
A
B
울사 7236(1)
A
A
울사 7262(2)
3863(2)

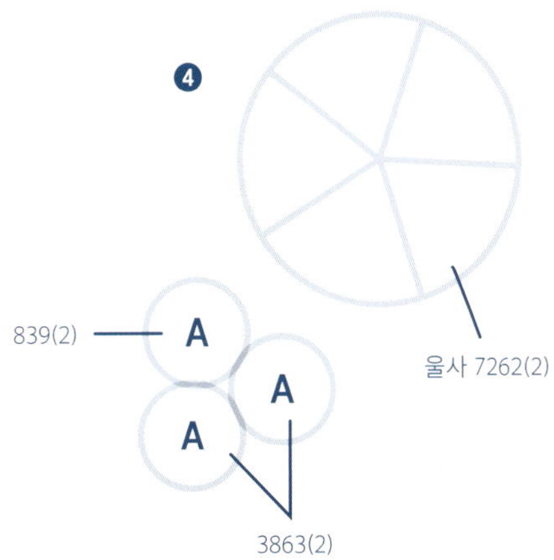
❹
839(2)
A
A
A
울사 7262(2)
3863(2)

성인용 셔츠

❶

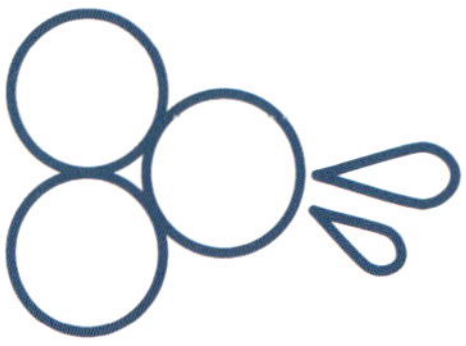

❷

❸

❹

아동용 원피스

❶

❷❸

❹

A
Ø 10mm
우드볼 랩핑 비즈 777(2)
+드리즐 890(3) 7회

B
Ø 10mm
우드볼 랩핑 비즈 890(2)

C
Ø 10mm
우드볼 랩핑 비즈 777(2)
+비즈 장식

모두 레이지데이지

1

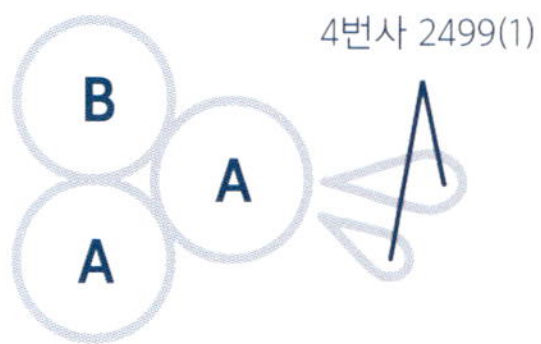

2

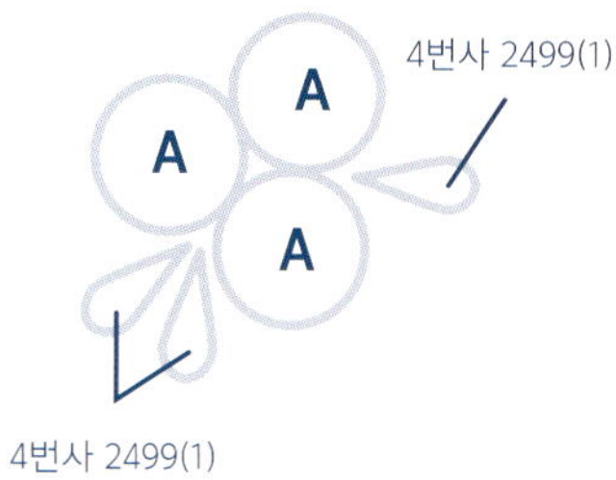

3

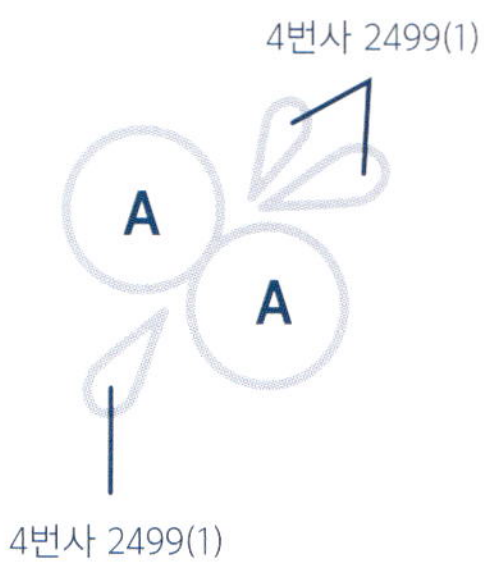

4

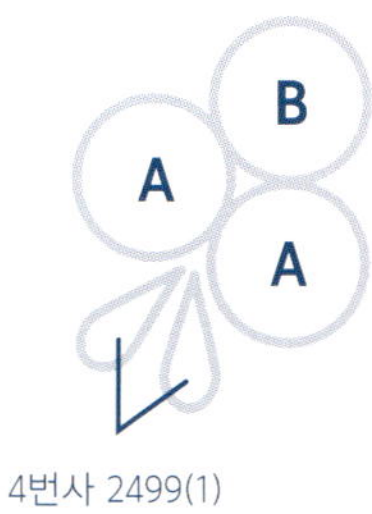

1

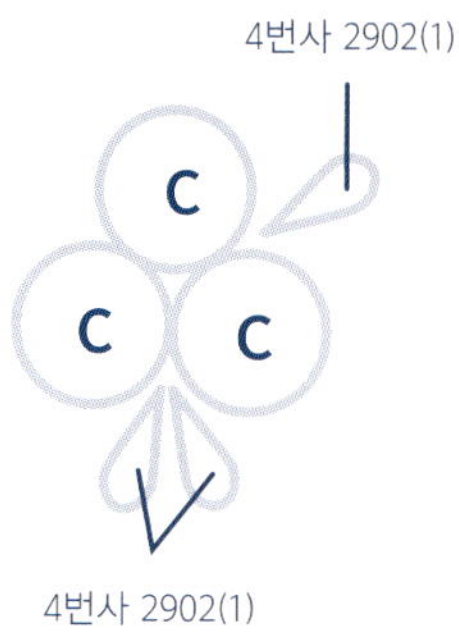

2 3

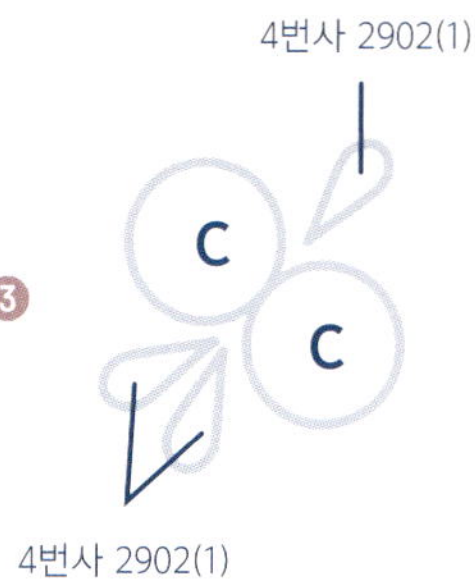

4

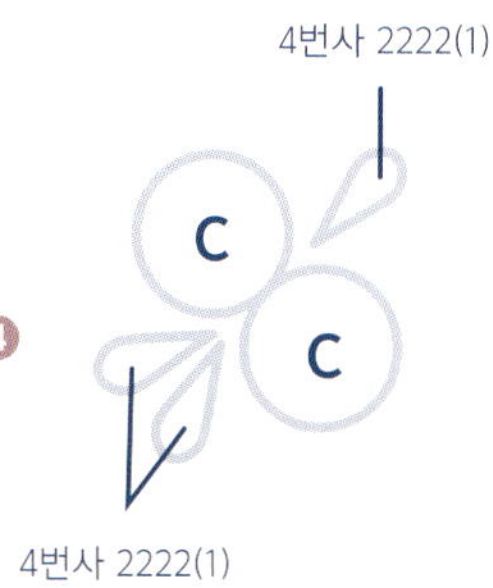

도안 감사한 마음을 담아 (카네이션 부토니에)

* Ø5cm 브로치판 사용

핑크 모노톤

디태치드 블랭킷 플라워 :
울사 7236(1) + 7372(1)/1cm/4개

랩핑 비즈

Ø15mm 4번사 2407(1)
Ø10mm 3861(2)

딥그린 모노톤

디태치드 블랭킷 플라워 :
울사 7413(1) + 7538(1)/1cm/4개

랩핑 비즈

Ø15mm 4번사 2642(1)
Ø10mm 640(2)

브라운 모노톤

디태치드 블랭킷 플라워 :
울사 7413(1) + 7525(1)/1cm/4개

랩핑 비즈

Ø15mm 4번사 2739(1)
Ø10mm 3863(2)

다이어리 도안

핀쿠션 도안

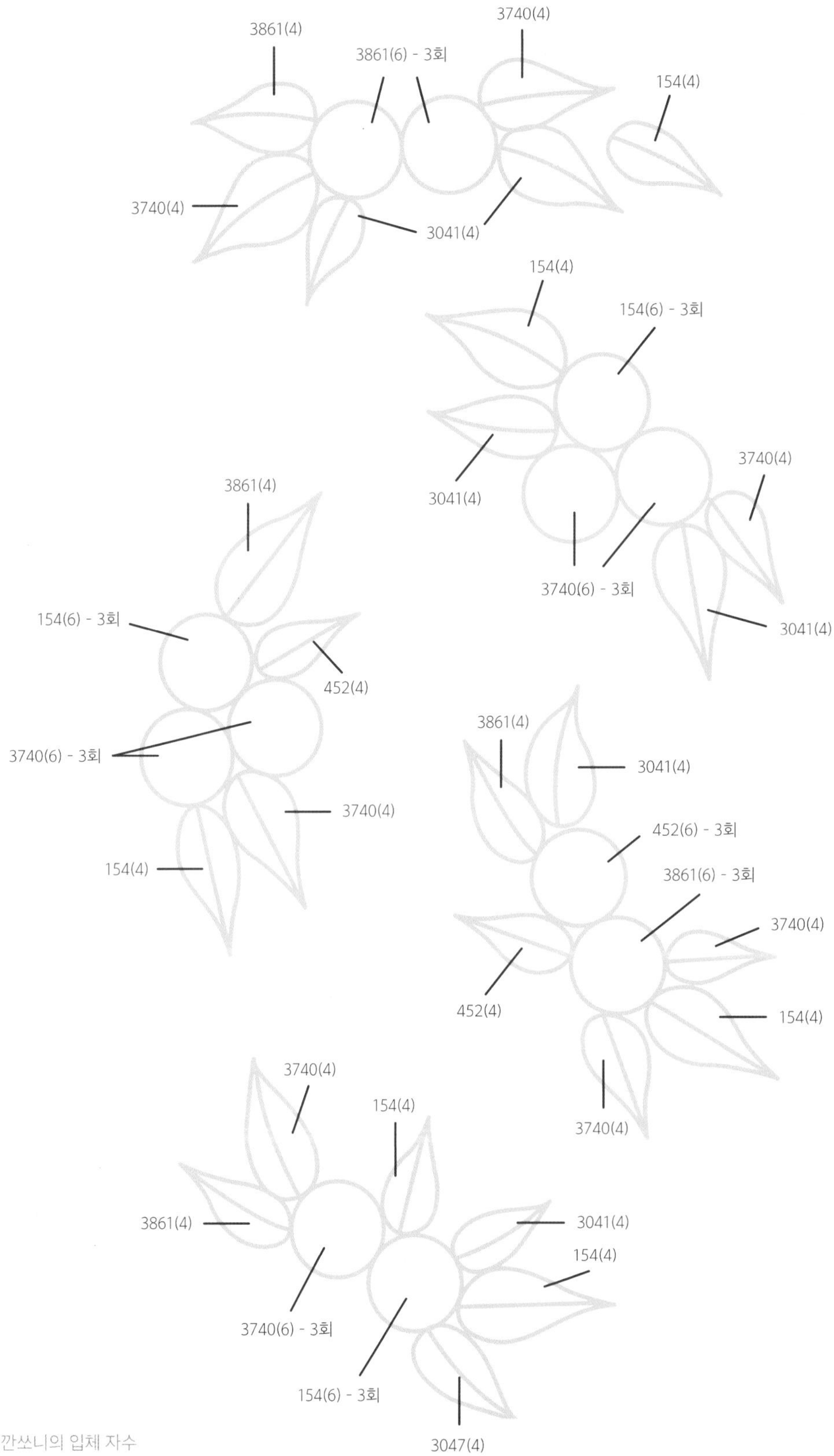

3861(4)
3861(6) - 3회
3740(4)
154(4)
3740(4)
3041(4)
154(4)
154(6) - 3회
3041(4)
3740(4)
3740(6) - 3회
3041(4)
3861(4)
154(6) - 3회
452(4)
3740(6) - 3회
3740(4)
154(4)
3861(4)
3041(4)
452(6) - 3회
3861(6) - 3회
3740(4)
452(4)
154(4)
3740(4)
3740(4)
154(4)
3861(4)
3041(4)
154(4)
3740(6) - 3회
154(6) - 3회
3047(4)

모두 프렌치넛 볼

모두 크레탄

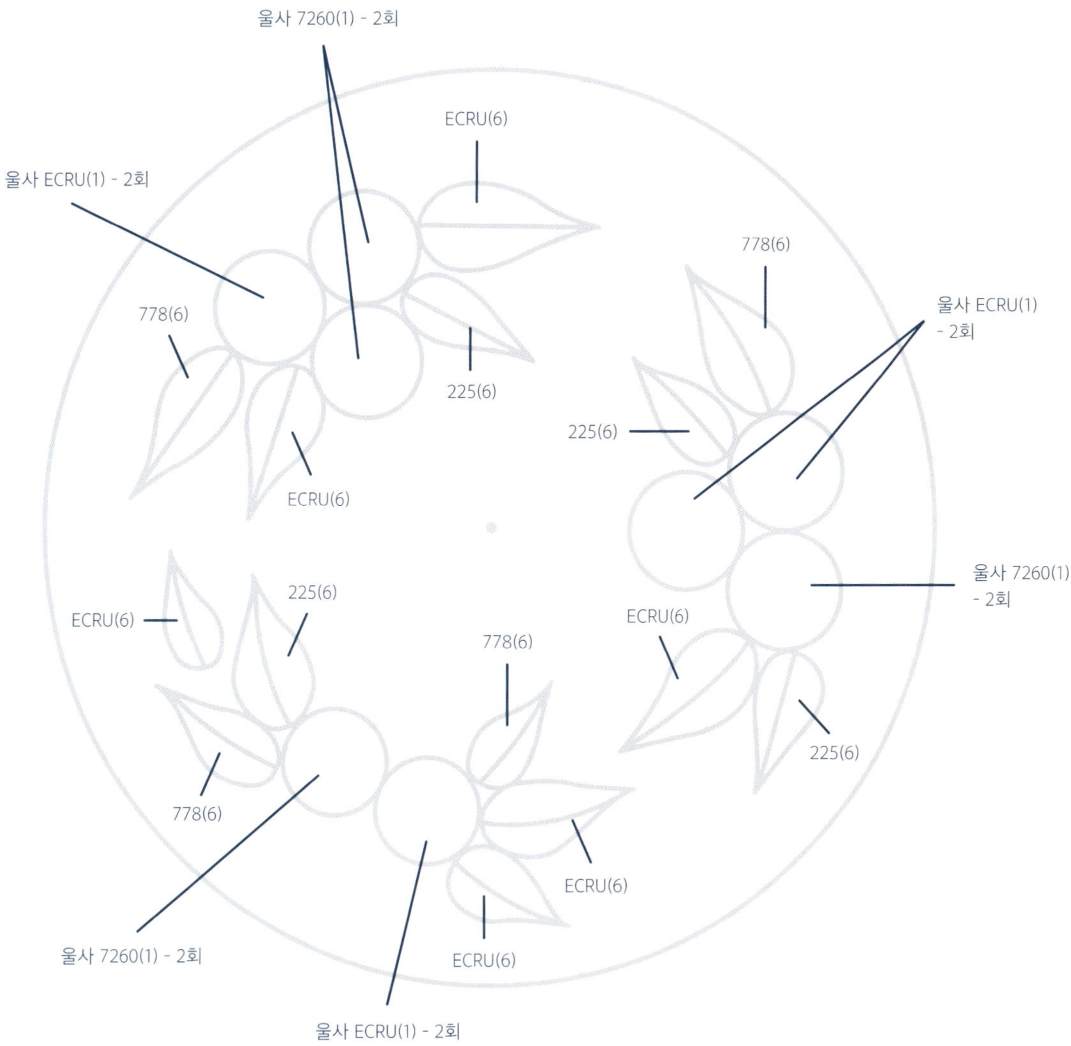

왼쪽 신발

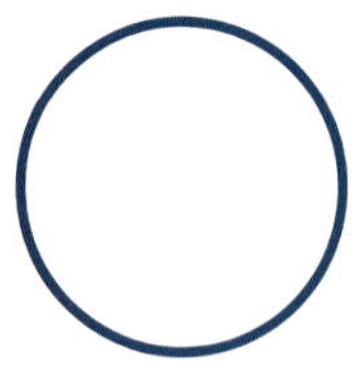

오른쪽 신발

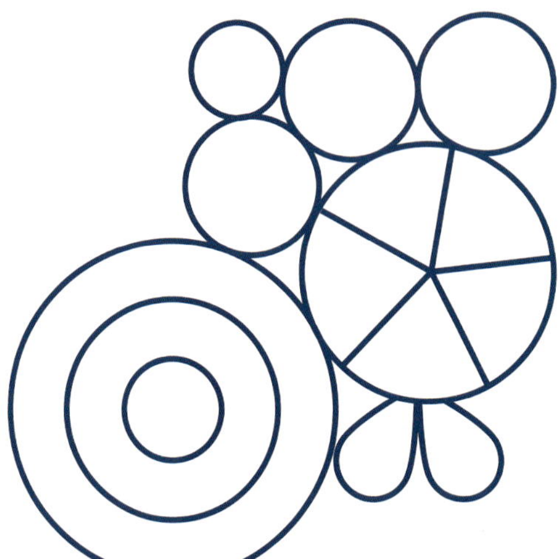

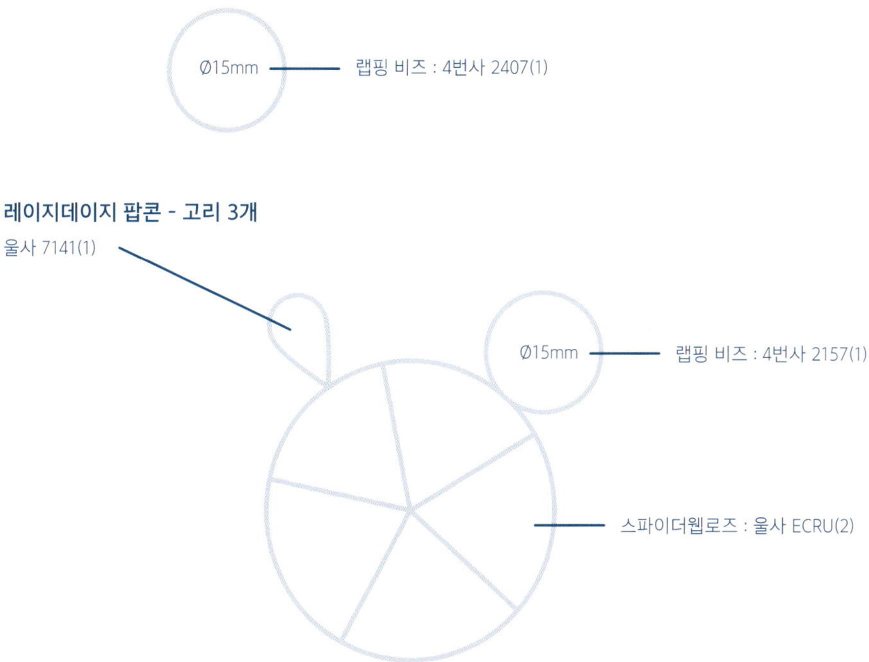
Ø15mm
랩핑 비즈 : 4번사 2407(1)
레이지데이지 팝콘 - 고리 3개
울사 7141(1)
Ø15mm
랩핑 비즈 : 4번사 2157(1)
스파이더웹로즈 : 울사 ECRU(2)

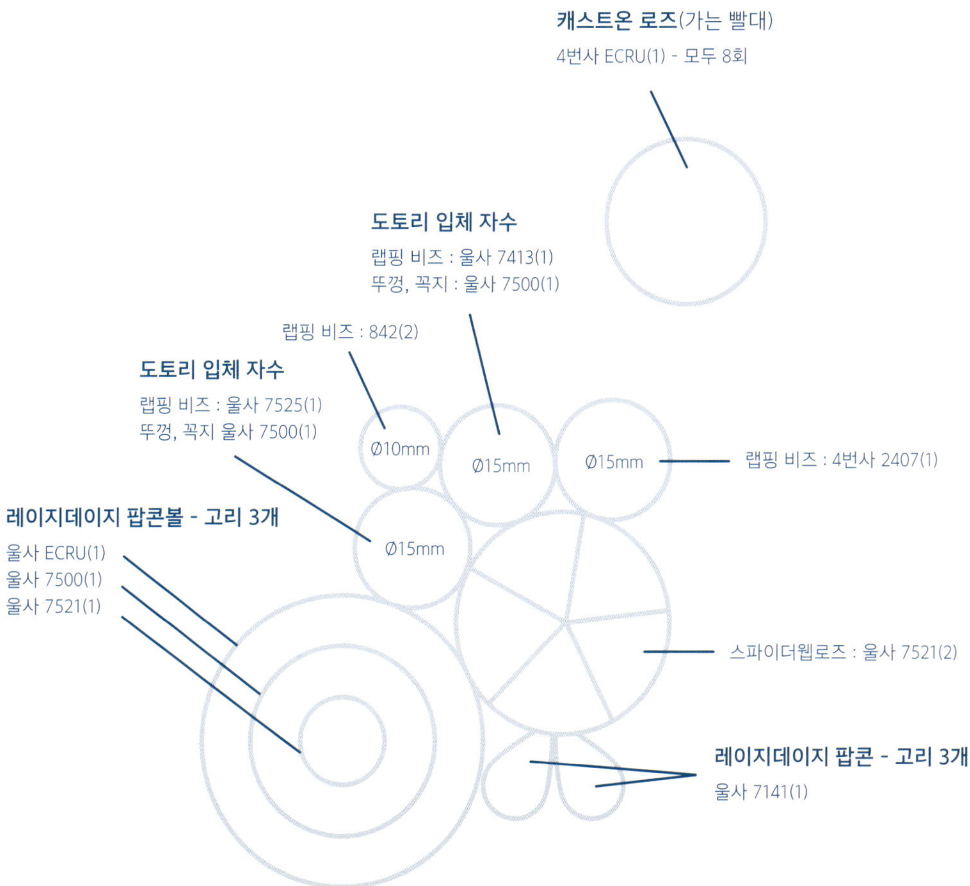
캐스트온 로즈(가는 빨대)
4번사 ECRU(1) - 모두 8회
도토리 입체 자수
랩핑 비즈 : 울사 7413(1)
뚜껑, 꼭지 : 울사 7500(1)
랩핑 비즈 : 842(2)
도토리 입체 자수
랩핑 비즈 : 울사 7525(1)
뚜껑, 꼭지 울사 7500(1)
Ø10mm
Ø15mm
Ø15mm
랩핑 비즈 : 4번사 2407(1)
레이지데이지 팝콘볼 - 고리 3개
울사 ECRU(1)
울사 7500(1)
울사 7521(1)
Ø15mm
스파이더웹로즈 : 울사 7521(2)
레이지데이지 팝콘 - 고리 3개
울사 7141(1)

저자 협의
인지 생략

부드러운 모노톤으로 칠하는

깐쏘니의 입체 자수

1판 1쇄 인쇄 2020년 11월 10일
1판 1쇄 발행 2020년 11월 15일

—

지 은 이 손좌윤
발 행 인 이미옥
발 행 처 아이생각
정　　가 16,000원
등 록 일 2003년 3월 10일
등록번호 220-90-18139
주　　소 (03979) 서울 마포구 성미산로 23길 72 (연남동)
전화번호 (02)447-3157~8
팩스번호 (02)447-3159

—

ISBN 978-89-97466-77-1 (13630)
I-20-07

i THINK
아이생각

Book · Character · Goods · Advertisement · Graphic · Marketing · Brand consulting
D·J·I
BOOKS
DESIGN
STUDIO
D·J·I BOOKS DESIGN STUDIO
facebook.com/djidesign